CONECTE-SE!

Dale Carnegie
e Associados

CONECTE-SE!

Como construir relações baseadas na confiança

Título original: *Connect! How to Build Trust-Based Relationships*

Copyright © 2022 por Dale Carnegie & Associates
Copyright da tradução © 2024 por GMT Editores Ltda.

Todos os direitos reservados. Nenhuma parte deste livro pode ser utilizada ou reproduzida sob quaisquer meios existentes sem autorização por escrito dos editores.

tradução: Nina Lua
preparo de originais: Raïtsa Leal
revisão: André Marinho e Rachel Rimas
diagramação: Ana Paula Daudt Brandão
capa: DuatDesign
impressão e acabamento: Cromosete Gráfica e Editora Ltda.

CIP-BRASIL. CATALOGAÇÃO NA PUBLICAÇÃO
SINDICATO NACIONAL DOS EDITORES DE LIVROS, RJ

C754

    Conecte-se / Dale Carnegie e Associados ; tradução Nina Lua. - 1. ed. - Rio de Janeiro : Sextante, 2024.
    224 p. ; 21 cm.

    Tradução de: Connect! : how to build trust-based relationships
    ISBN 978-65-5564-791-4

    1. Ética empresarial. 2. Confiança (Psicologia). 3. Liderança - Aspectos morais e éticos. 4. Comunicação interpessoal. 5. Mudança social. I. Dale Carnegie e Associados. II. Lua, Nina.

23-87183   CDD: 153.6
                    CDU: 316.47:316.772.6

Meri Gleice Rodrigues de Souza - Bibliotecária - CRB-7/6439

Todos os direitos reservados, no Brasil, por
GMT Editores Ltda.
Rua Voluntários da Pátria, 45 – 14º andar – Botafogo
22270-000 – Rio de Janeiro – RJ
Tel.: (21) 2538-4100
E-mail: atendimento@sextante.com.br
www.sextante.com.br

Você pode fazer mais amigos em dois meses passando a ter interesse pelas pessoas do que em dois anos tentando fazer com que elas se interessem por você.
– Dale Carnegie

Sumário

Prefácio   9
Como usar este livro   13
Cinco coisas que este livro vai ajudar a alcançar
(que tornarão você uma pessoa melhor)   17
Os 30 princípios de Dale Carnegie   19
Conselhos dos mestres   23
Introdução   31
    Pontos principais   39

PARTE UM
Consciência e mentalidade
1. As pessoas são diferentes (mas, ao mesmo tempo, parecidas)   43
    Pontos principais   55
2. Superando limitações autoimpostas   57
    Pontos principais   73
3. Valorizando as diferenças   75
    Pontos principais   88
4. Enquadramentos, filtros e como eles atrapalham   89
    Pontos principais   100

PARTE DOIS
A competência e a criação de conexões

5. Iniciando e cultivando relações — 103
   Pontos principais — 134
6. Construindo e restabelecendo a confiança — 137
   Pontos principais — 154
7. Conflito — 157
   Pontos principais — 174
8. Escuta empática – Cultivando humildade suficiente para ouvir — 177
   Pontos principais — 195
9. Conexões virtuais — 197
   Pontos principais — 216

Conclusão: Os princípios de Dale Carnegie para a conexão — 219

Agradecimentos — 221
Notas — 223

Prefácio

No início da minha carreira, li *Como fazer amigos e influenciar pessoas*, que causou um impacto profundo em mim. Principalmente, me ajudou a perceber que eu poderia ser muito mais eficaz nas minhas interações com os outros se aplicasse os princípios atemporais e poderosos apresentados no livro clássico de Dale Carnegie.

Durante 25 anos, desenvolvi essas habilidades e vi minhas relações pessoais e profissionais florescerem. Eu me tornei muito bom em ouvir, olhar as pessoas nos olhos, ter empatia e oferecer um sorriso amigável aos outros. E, então, vieram 2020 e a covid-19. Da noite para o dia, as coisas mudaram para mim e para todos nós.

Enquanto não podíamos sair de casa, ir ao local de trabalho ou mesmo ver os sorrisos de amigos e colegas por trás das máscaras, nossas conexões pessoais sofreram. Some a isso as mudanças nas dinâmicas sociais causadas por um clima político de grande polarização e outros assuntos espinhosos, e tem sido mais difícil do que nunca saber o que dizer a alguém que acabamos de conhecer... ou até decidir se devemos ou não trocar um aperto de mãos.

A boa notícia é que os princípios básicos de como criamos e nutrimos relações não mudaram, ainda que pareçam um pouco diferentes e exijam mais álcool em gel. Continuamos precisando nos concentrar em estabelecer conexões, cooperar com os outros e conviver bem. Resumindo, temos que nos adaptar às mudanças velozes e aos acontecimentos inesperados que o mundo nos apresenta.

Seres humanos não foram feitos para funcionar de forma independente. É provável que levar a vida de um ermitão em uma fazenda de subsistência sem outras pessoas no entorno não seja o que a maioria de nós escolheria. Somos seres sociais que criam relações mutuamente benéficas para sobreviver, prosperar e aproveitar a vida.

Pense na pessoa que é mais próxima de você. Talvez um cônjuge, um membro da família, um melhor amigo de infância ou um mentor. E imagine se essa pessoa nunca tivesse entrado na sua vida. Para muitos de nós, não é um pensamento agradável. Mas é fato que você pode contar com essa pessoa, e ela pode contar com você. E, por isso, sua vida é mais plena, assim como a dela.

Este livro foi feito para ajudar você a aprimorar sua vida ao criar e construir relações mais fortes com os outros, seja em casa ou no trabalho, pessoalmente ou no mundo virtual. Ele oferece reflexões e ideias que podem permitir que você alcance todo o seu potencial graças ao apoio e à amizade de outras pessoas.

Dale Carnegie reconhecia que todos têm uma grandeza inerente. Nosso trabalho na Dale Carnegie Training é focado em trazer essa grandeza à tona, para que todos possam vê-la. Dando continuidade ao legado dele, mudamos a forma como as pessoas veem a si mesmas, para que possam modificar como os outros as enxergam – o que transforma o impacto que elas exercem no mundo. É um trabalho pelo qual somos apaixonados e que ninguém é capaz de fazer sozinho. É por isso que todos precisamos construir e desenvolver conexões continuamente.

Estamos animados para ver qual será sua contribuição ao mundo com as conexões que vai estabelecer a partir deste livro.

Joe Hart,
CEO da Dale Carnegie & Associados

Como usar este livro

Todas as manhãs, em praticamente todos os países do planeta, instrutores da Dale Carnegie Training se preparam para compartilhar as mensagens atemporais criadas por nosso fundador, Dale Carnegie. Seja com o público geral ou com funcionários de empresas da *Fortune 500*, as lições e habilidades que compartilhamos vêm aprimorando e empoderando pessoas há 85 anos.

Considerando-se as mudanças sociais que aconteceram no mundo desde a publicação da primeira edição de *Como fazer amigos e influenciar pessoas*, em 1937, fica claro que a mensagem daquele livro e o treinamento que o acompanha nunca perdem o valor. São verdadeiramente atemporais.

Os princípios das relações humanas que formam a base do nosso trabalho podem ser aplicados em diversos contextos. Do lar ao local de culto, da sala de aula à sala de reuniões de uma empresa, quando aprendemos a estabelecer uma conexão verdadeira um com o outro, podemos mover montanhas.

À medida que for avançando neste livro, você vai descobrir formas de aplicar esses princípios de uma maneira que talvez nunca tivesse considerado. Quando menos nos damos conta, estamos estabelecendo conexões interessantes nos lugares mais surpreendentes! Quando nos concentramos em criar conexões genuínas, nossa vida fica mais feliz e gratificante. Encontros breves nos deixam com um sorriso no rosto e nos fazem sentir um pouco menos solitários em um mundo que, em geral, nos isola.

Como presumimos que você esteja lendo isto para melhorar de alguma forma sua capacidade de se conectar com os outros, temos algumas dicas para usar este livro:

1. O comprovado caminho da mudança de desempenho de Dale Carnegie oferece algumas reflexões para nos preparar para o sucesso:
   - Tenha consciência dos seus objetivos. Se você está com este livro em mãos, sabemos que é porque *deseja* mudar. Ter comprometimento emocional com algo que está em jogo (por exemplo, sucesso, felicidade, amigos, eficácia, etc.) vai garantir que você entre em ação. Conforme for avançando, conecte o que está lendo com a forma como você se enxerga e aquilo que quer realizar.
   - Comprometa-se com a vivência do aprendizado. Ninguém tem todas as respostas. Então, se você estiver lendo isto para confirmar o que já sabe, é melhor fazer outra coisa. Assim como um programa de treinamento Dale Carnegie é intenso e pode tirá-lo da zona de conforto, este livro talvez traga algumas sugestões ou o leve a fazer ligações com o conteúdo que o deixem desconfortável. É nisso que se deve prestar atenção! Se você pensar "Acho que não consigo fazer isso" ou "Acho que não quero...", então talvez seja essa a coisa que realmente transformará o seu comportamento e o seu desempenho. Certifique-se de fazer anotações, destacar, marcar ou sublinhar tudo aquilo que lhe parecer relevante e útil.
   - Insista no aprendizado. Ao terminar o livro, não o coloque de volta na prateleira e simplesmente retorne aos velhos comportamentos. Não! Vamos criar uma forma

de manter o aprendizado vivo! Vamos nos comprometer a reservar tempo na agenda para fazer conexões, encontrar um parceiro que ficará de olho nos nossos objetivos (por exemplo, um amigo, um mentor, um gestor, um cônjuge ou um parente) e falará conosco de tempos em tempos para verificar nossa evolução. Pode ser surpreendente ver como as pessoas à nossa volta nos apoiam quando pedimos ajuda e demonstramos disposição para trabalhar no nosso aprimoramento.

2. Faça anotações. Esteja você lendo em um e-reader ou um exemplar impresso, sinta-se livre para sublinhar/destacar à vontade os trechos do livro que considerar interessantes, intrigantes ou úteis. Marque essas partes para poder revê-las rapidamente. Não devemos encarar isto como um manuscrito imaculado que não pode ser alterado. O ideal é que você se aproprie desta obra e pense nela como um livro de exercícios.

3. Ao fim de cada capítulo, pergunte-se se está pronto para seguir em frente ou se precisa revisar o que acabou de ler. Não é uma corrida até a linha de chegada. O objetivo é compreender e assimilar o conteúdo para que possamos aplicá-lo de modo a melhorar nosso desempenho.

4. Ensine a mais alguém! Uma ótima forma de aprender algo novo é ensinar aquilo a outra pessoa. Quando encontrar algo que ressoe em você, tire um tempo para compartilhar o aprendizado com alguém. Não no contexto formal de uma sala de aula, mas talvez durante uma refeição, tomando um café, no carro ou em uma caminhada. Quando ouvimos o que estamos compartilhando, fazemos novas conexões.

5. Releia o livro. À medida que algumas seções do livro forem se tornando hábitos, leia-o de novo, ou pelo menos dê uma olhada nos trechos sublinhados/destacados, para ver quais partes ainda podem ser incorpordas à sua prática.

6. Relacione o conteúdo à sua vida. À medida que for lendo, pergunte-se como você poderia ter lidado com a situação ou como poderia colocar aquilo em prática para atingir seus objetivos de conexão.

Como disse Dale Carnegie: "O conhecimento não é poder enquanto não for aplicado." Aplique o que aprender nas páginas a seguir.

Cinco coisas que este livro vai ajudar a alcançar
(que vão fazer de você uma pessoa melhor)

1. Tornar-se um ouvinte melhor.
2. Lidar com conflitos com mais facilidade.
3. Descobrir os segredos das relações de confiança.
4. Interagir com os outros no ambiente virtual.
5. Construir relações mais fortes.

Os 30 princípios de Dale Carnegie

Tudo o que fazemos na Dale Carnegie Training tem como base os princípios de relações humanas que Dale Carnegie criou há muitos anos. Ficamos impressionados com a relevância dessas ideias para a vida moderna. Na verdade, ao nos depararmos com um desafio, só precisamos olhar esses princípios e aplicá-los de forma a melhorar a situação. Aqui estão os princípios clássicos que foram comprovados com o tempo.

Construa conexões
Seja uma pessoa mais amigável

1. Não critique, condene ou reclame.
2. Dê opiniões sinceras.
3. Desperte no outro uma necessidade ou um desejo urgente.
4. Passe a ter interesse genuíno pelo outro.
5. Sorria.
6. Lembre-se de que as pessoas consideram o próprio nome o som mais agradável e mais importante em qualquer idioma.
7. Seja um bom ouvinte. Estimule os outros a falarem de si mesmos.

8. Fale em termos do interesse do outro.
9. Faça com que o outro se sinta importante – e faça com sinceridade.

Conquiste cooperação
Leve as pessoas a pensarem como você

10. A única forma de ganhar uma discussão é evitando-a.
11. Mostre respeito pelas opiniões do outro. Nunca diga: "Você está errado."
12. Se você estiver errado, admita de maneira rápida e enfática.
13. Comece de modo amigável.
14. Faça o outro dizer "sim, sim" imediatamente.
15. Deixe o outro falar por boa parte do tempo.
16. Deixe o outro achar que a ideia é dele.
17. Faça um esforço sincero para enxergar as coisas da perspectiva do outro.
18. Demonstre simpatia pelos desejos e ideias do outro.
19. Apele às motivações nobres do outro.
20. Dramatize suas ideias.
21. Lance um desafio.

Provoque mudanças
Seja um líder

22. Comece com elogios e uma avaliação sincera.
23. Aponte os erros das pessoas de forma indireta.
24. Fale dos seus próprios erros antes de criticar o outro.
25. Faça perguntas em vez de dar ordens diretas.
26. Dê ao outro a chance de se safar.

27. Elogie todos os progressos, inclusive os pequenos. Seja "caloroso na aprovação e farto nos elogios".
28. Confira ao outro uma boa reputação que ele possa manter.
29. Incentive. Faça com que o erro pareça fácil de corrigir.
30. Faça com que o outro fique feliz ao fazer aquilo que você sugeriu.

Conselhos dos mestres

Na pesquisa para este livro, entrevistamos vários dos nossos próprios especialistas sobre o tema da conexão. Perguntamos: "Se você pudesse dar um conselho para alguém sobre como se tornar melhor em se conectar com os outros, qual seria?" Aqui estão algumas das respostas:

Ercell Charles, vice-presidente de Transformação do Cliente & Carnegie master

Não se conectar com os outros pode se dever a não ouvir, não estar aberto, não respeitar, não valorizar ou a não buscar o ponto de vista da outra pessoa. Em vez disso, precisamos ouvir com empatia e ser humildes o bastante para escutar. Essa é a base para encontrar um terreno em comum.

Nigel Alston, instrutor

Na verdade, conectar-se com os outros se baseia em uma fórmula. A qualidade das relações resulta da qualidade e da constância do contato ao longo do tempo. Todos temos relações com pessoas que conhecemos há anos, mas ou a qualidade daquele contato não é ótima, ou não as vemos com regularidade. Os melhores relacionamentos se estabelecem quando temos contatos de alta qualidade com uma pessoa, com consistência, ao longo do tempo.

George Cantafio, instrutor

Meu melhor conselho é este: o foco não é você. Ouça mais, fale menos e seja você mesmo! Se estiver genuinamente interessado no outro, você vai estabelecer uma conexão. Muitas pessoas, quando conhecem alguém novo, começam a falar de si mesmas. "Sou da Flórida, tenho três filhos e adoro pescar." Em vez disso, pergunte ao outro onde ele mora, como é a família dele e o que ama fazer. Você encontra mais pontos em comum quando ouve do que quando fala.

Rebecca Collier, Carnegie master

Na infância e na adolescência, frequentei 13 escolas diferentes. Eu era sempre a aluna nova e tive que aprender como me conectar com os outros bem rápido. É importante desenvolver relações e obter o máximo possível de informações – em especial quando se trata de uma cultura com a qual não estamos acostumados. Esteja preparado para o fato de as pessoas serem diferentes de você e encare isso com uma postura de curiosidade. O diferente não significa ruim ou bom – é só diferente. Quando encaramos as diferenças com uma postura aberta de perguntar e demonstrar curiosidade, conseguimos construir relações com muito mais facilidade.

Grace Dagres, instrutora sênior

Ao longo dos últimos anos, todos nós tivemos que não apenas mudar, mas encontrar uma forma de interagir em um mundo virtual. É importante se lembrar da sua mentalidade e da sua postura e se ver como "assumidamente humano". São as falhas que nos tornam incríveis.

Para fazer conexões, precisamos focar no outro em todas as interações. O segredo é encontrar o sucesso juntos. Isso realmente nos leva aos princípios das relações humanas. "O nome da pessoa é, para ela, o som mais bonito." Pergunte como pronunciar o nome dela! "Enxergar as coisas da perspectiva do outro." Faça um esforço para compreender a outra pessoa e por que ela pensa daquele jeito.

Lembre-se sempre: "O foco não é você. É o outro."

Andreas Iffland, Carnegie master

Dale Carnegie escreveu que podemos conquistar mais amigos em dois meses passando a ter interesse pelas pessoas do que em dois anos se não fizermos isso. Em 90% das vezes, fazemos perguntas fechadas – que podem ser respondidas com um sim ou não – que refletem as nossas suposições e para as quais queremos uma confirmação. Isso também ocorre quando fazemos perguntas com alternativas. "Você prefere X ou Y?" Não há espaço para uma conversa de verdade.

Em vez disso, faça perguntas abertas, que demandam opiniões mais elaboradas, e, então, desenvolva o diálogo a partir das respostas do outro. Quando obtiver a resposta a uma pergunta aberta, você pode dizer "Por que isso aconteceu?" ou "Fale mais sobre isso". É assim que criamos conexões verdadeiras com os outros.

Robert Johnston, instrutor master

Está tudo no princípio "Passe a ter interesse genuíno pelo outro". Quando o examinamos com mais profundidade, vemos que esse conselho é atemporal. Primeiro, Dale Carnegie diz "passe a ter" interesse genuíno. Não "TENHA" interesse genuíno. Há uma diferença. "Ter interesse" é algo que você já faz. "Passar a ter" exprime uma característica que será adquirida. Implícito nesse conselho para "passar a ter" está a suposição de que ainda não temos interesse genuíno pela outra pessoa. É uma mentalidade, não uma ação. É uma identidade. "Sou alguém com interesse genuíno pelos outros."

Ele também fala em "interesse genuíno". Pense em como você se comporta quando se interessa genuinamente por algo. Queremos saber mais sobre aquilo. Ficamos interessados em aprender, fazemos várias perguntas e buscamos mais informações. Precisamos fazer isso com os outros. Buscar além da superfície para encontrar semelhanças. Ter uma compreensão mais profunda da outra pessoa. É bem mais difícil odiar uma pessoa quando temos algo em comum com ela.

David Kabakoff, instrutor

A pandemia exigiu que muitos de nós usássemos máscaras, mas as pessoas não usam apenas máscaras físicas. Há também uma máscara emocional. Em nossos treinamentos, uma das primeiras coisas que fazemos é ajudar as pessoas a "tirar" suas máscaras. Não no sentido literal, é claro, e sim a máscara da identidade que todos nós temos e que é baseada na imagem que desejamos projetar no mundo. A verdadeira transformação ocorre quando baixamos a guarda e damos ao outro a oportunidade de estabelecer confiança. O verdadeiro valor do treinamento não vem do conteúdo. Vem do aprendizado de como removemos nós mesmos da equação e colocamos o outro em primeiro lugar na nossa mentalidade. Quando descobrimos coisas sobre outra pessoa, conseguimos confiar nela.

Jayne Leedham, Carnegie master

Alguém me deu este conselho anos atrás. Sempre que for a qualquer lugar onde houver desconhecidos, imagine que está dando uma festa. Você quer que todos se sintam confortáveis, bem-vindos e valorizados por estarem lá. O foco não é você e o que todos pensam de você. Essa estratégia é uma forma de sair de si mesmo, se concentrar nas outras pessoas presentes e em como você pode fazer com que elas se sintam confortáveis e conectadas umas com as outras.

Tom Mangan, instrutor master

Meu melhor conselho é "Não tente fazer tudo sozinho". Peça que alguém o apresente às pessoas com quem você deseja se conectar. Apresente pessoas umas às outras. Ninguém vai saber o que você está vendendo, por exemplo, a não ser que você seja capaz de fazer e ter conexões com outras pessoas. Mas a comunicação "vertical" não é tudo. É claro que é importante passar de um assunto a outro em uma conversa. No entanto, também é essencial estabelecer uma comunicação "horizontal". Manter o mesmo assunto em pauta por tempo suficiente para se aprofundar nele. É aí que fazemos conexões genuínas. Ficamos muito focados na transação e no que vamos obter com aquela interação. Em vez disso, questione-se: "Por que eu devo me importar?" Faça perguntas de maneira informal com a postura colaborativa de que "somos solucionadores de problemas". Cerque-se de pessoas que vão falar bem de você.

Laura Nortz, instrutora master

Meu melhor conselho é que as pessoas ouçam para entender. Descubra do que os outros precisam e veja se você pode ajudá-los de alguma forma. Ao se concentrar na outra pessoa, você passa a ouvir para descobrir quais são os valores dela e o que vocês têm em comum. Ouça para descobrir quem é aquela pessoa. O que é importante para ela, quais são seus objetivos, o que está tentando realizar agora? Nem toda conversa vai ser profunda e significativa, mas, quando ouve para entender, você se conecta.

Rena Parent, instrutora master

O conselho que vou dar vem de uma crença muito enraizada de que nosso mundo interior é mais poderoso do que o exterior. Nosso poder interno é, em última instância, o poder que conseguimos manifestar fora de nós. E, como estamos falando em conexão, o essencial é a conexão interna. É provável que você já tenha ouvido sobre ou visto aquela imagem da ponta do iceberg. Certo. Enxergamos a ponta, que é o mundo externo, mas o poder do iceberg está abaixo da superfície. Se passarmos tempo dentro de nós primeiro, alinhando a mente ao coração – isto é, fazendo com que os pensamentos sejam coerentes com as emoções –, nos aprimoraremos antes de conhecer outras pessoas. Quando fazemos isso, temos uma probabilidade maior de estabelecer boas conexões.

Antoinette Robinson, instrutora

Se você deseja melhorar sua capacidade de se conectar com os outros, sugiro primeiro observar como se conecta consigo mesmo. De acordo com Dale Carnegie, de alguma forma, perdemos nossa verdadeira essência, nossa criança interior, quando adentramos o mundo adulto. Essa perda pode ser chamada de "síndrome do impostor" ou "acobertamento". Afirmo que é uma perda de conexão com nossa verdadeira essência.

Para nos encaixarmos, muitos de nós renunciam ao eu superior, o que leva a vidas medíocres e relacionamentos fracassados. Se não estiver fazendo conexões genuínas, a pessoa deve verificar seu coração, sua inteligência emocional e sua capacidade de se conectar consigo mesma para determinar se há uma desconexão interna.

Jeff Shimer, instrutor master

No que diz respeito a aprimorar a capacidade de se conectar com os outros, você precisa pensar em desenvolver relações duradouras. Um estudo de Harvard observou os relacionamentos das pessoas ao longo de toda a vida e descobriu que o segredo para ter vida longa, saúde, sucesso, etc. era a força das relações do indivíduo com os outros. Esse era um fator mais importante para prever a longevidade do que o colesterol! Isso não significa que vai ser fácil. É preciso investir tempo e um esforço intencional para construir esses relacionamentos duradouros. Mas se você começar com a intenção de construir uma relação que dure e, então, investir tempo em manter essa conexão, o resultado será positivo tanto para você quanto para o outro.

Frank Starkey, instrutor master

Recebi este conselho de John Adams, um dos meus mentores aqui na Dale Carnegie. Uma das coisas que ele me ensinou foi que o princípio número um de *Como fazer amigos* é não criticar, condenar ou reclamar. E as pessoas têm tendência a criticar, condenar e reclamar! Certo dia, ele me perguntou: "O que é o contrário da crítica?" Respondi "Valorização". E ele me ensinou: "Não. O contrário da crítica é a compreensão."

Ao ler esses conselhos daqueles que ensinam, praticam e vivem a sabedoria deste livro, podemos ver temas que surgem e fios que este livro tece para criar conexões. Antes de prosseguir, reserve um tempo para reler os conselhos dos mestres e procurar temáticas que sejam novas e relevantes para as relações que você busca construir.

> "Três quartos das pessoas que você conhecerá estão sedentas por empatia. Ofereça isso a elas e você será amado."
> – DALE CARNEGIE

Introdução

Ernie estava nervoso ao entrar na sala de conferências. Fazia muito tempo que não se via rodeado de tantas pessoas. Não era que ele estivesse preocupado com sua saúde – todos haviam seguido os protocolos adequados e ele se sentia seguro do ponto de vista físico. Era a parte social. As regras de socialização pareciam ter mudado desde 2020, e ele não tinha certeza de como estabelecer conexões com desconhecidos. Mas aquela era uma reunião de networking, e era para isso que ele estava lá.

Ernie tinha acabado de colocar o crachá quando alguém se aproximou e leu o nome dele.

– Oi, Ernie. Eu sou Barb.

Ernie deveria dar um aperto de mão? Que tipo de pergunta era aceitável fazer hoje em dia em um ambiente de trabalho? Barb estendeu a mão e se apresentou:

– Trabalho com marketing. Minha empresa se concentra na criação de oportunidades sinérgicas entre... – Ernie percebeu que Barb meio que vasculhava o salão com os olhos enquanto falava. Ela tinha um sorriso profissional estampado no rosto e estava fazendo contato visual com ele, mas seu discurso parecia muito treinado e nada natural. – Conte-me sobre a sua empresa – pediu ela.

Ernie descreveu seu trabalho enquanto Barb o observava com um olhar atento – pelo menos foi a impressão que ele teve. Ela disse todas as coisas certas, e a conversa durou o suficiente para ser profissionalmente aceitável. Barb deu seu cartão de visita a Ernie e, depois, foi conversar com outra pessoa.

"Bem, networking é isso aí", pensou Ernie enquanto ia buscar uma água com gás. "Algumas coisas nunca mudam."

Algumas coisas nunca mudam, mas outras precisam mudar

Na Dale Carnegie Training, concordamos que algumas coisas nunca mudam. Afinal, os princípios atemporais que nosso fundador estabeleceu seguem tão práticos e relevantes hoje quanto em qualquer outro momento.

Agora que os cidadãos do mundo adotaram mudanças radicais motivadas pela pandemia global e se ajustaram a reuniões virtuais, trabalho remoto e distanciamento social, as formas como costumávamos nos conectar com os outros podem parecer até obsoletas. Ansiamos por conexões verdadeiras, interações profundas e significativas baseadas em pontos em comum, em vez de focadas apenas no que podemos obter um do outro.

As formas de se "conectar" com os outros para que possamos vender nossos produtos, satisfazer nossas próprias necessidades, fazer novos amigos ou melhorar nossa imagem precisam mudar. É hora de aprender ou reaprender como criar conexões reais.

As regras da socialização humana

Uma das vantagens de usar o material de Dale Carnegie como base para essa "nova" forma de interagir com os outros é que, na verdade, não há nada de novo.

Dale Carnegie nos oferece mais do que apenas princípios ou um processo. Ele nos deu um sistema para interagir com os outros. Em seus escritos, criou uma série de "princípios das relações humanas", que foram incluídos no começo deste livro. Esses princípios servem como base de todos os treinamentos que damos, mas, em especial, podem ser indicações de como se conectar melhor com os outros. Eis como os princípios se tornam um sistema.

A **conexão** (princípios 1 a 9) leva à **cooperação** (10 a 12), que leva à **mudança** (22 a 30).

Em outras palavras, a conexão é a base e a precursora da cooperação e da mudança. A conexão cria afinidade. A falta dela gera indiferença. A cooperação cria influência. A falta dela gera conformidade. A mudança possibilita a liderança. A falta de colaboração em relação à mudança gera resistência.

Na história de Ernie e Barb, ele nunca teve a sensação de se conectar de verdade com ela. Não houve afinidade real e, por isso, Ernie se sentiu indiferente em relação a Barb. É provável que ele logo se esqueça de ter conhecido Barb e tenha dificuldade de se lembrar dessa interação caso um dia encontre o cartão de visitas com o nome dela. Podemos pôr a culpa da falta de conexão nas máscaras, nas regras de distanciamento social, na interação virtual, no contexto de trabalho ou em milhões de outros fatores. Mas a verdade é que, qualquer que seja o contexto, a conexão é, *sim*, possível. Só precisamos saber como estabelecê-la.

O que é conexão?

Conectar-se, de acordo com a definição que estamos desenvolvendo aqui, é ter uma *interação significativa com alguém, seja por alguns instantes ou por toda a vida*. O que significa ter uma interação "significativa" com alguém? Em vários sentidos, a conexão é como a beleza – nós a reconhecemos quando a sentimos. Quando saímos de uma interação e temos aquela sensação calorosa de positividade, isso é conexão. De forma parecida, sabemos quando *não* nos conectamos com outra pessoa. Temos aquele sentimento de vazio, de que a interação foi mais transacional do que significativa.

Quando viaja de avião, Jonathan Vehar costuma usar fones de ouvido. Não porque esteja ouvindo música, mas porque é uma pessoa introvertida que aproveita essa oportunidade para pensar e deixar que novas ideias surjam. "Apesar disso, nos milhões de quilômetros que voei de avião", diz ele, "fiz algumas conexões incríveis. Certa vez, enquanto ia para Indianápolis em uma pequena aeronave, passamos por uma grande turbulência. Do tipo que faz você se perguntar se as asas vão se soltar. A mulher sentada ao meu lado agarrou minha mão, embora não tivéssemos trocado uma palavra sequer até então. Ficou claro para mim que ela estava apavorada. Então, enquanto estávamos de mãos dadas, comecei a puxar papo, perguntando sobre o trabalho, a família e os hobbies dela, tentando fazer com que ela pensasse em outras coisas que não fossem a turbulência. Estabelecemos uma conexão genuína que durou alguns minutos. Nunca mais nos falamos, mas nunca vou me esquecer dela ou da nossa conversa".

Conexões acontecem em qualquer lugar

Quando refletimos sobre o assunto, vemos que a oportunidade de estabelecer conexões acontece em todos os lugares, e não apenas em ambientes formais, como reuniões de networking ou de vendas. Ela ocorre todos os dias, no trabalho e na vida pessoal:

- ao telefone com a seguradora;
- na fila do café e com o barista;
- em um encontro de família, com um parente que não vemos com frequência;
- quando deparamos com alguém que é diferente de nós de forma perceptível;
- em comentários nas redes sociais;
- na sala de descanso no trabalho;
- quando nosso cargo nos põe em contato com colegas de trabalho com diferentes funções ou níveis hierárquicos;
- e em muitos outros casos.

A conexão pode acontecer naturalmente ou ser estratégica. Pode ser planejada ou surgir de forma espontânea. E pode ocorrer pessoalmente ou durante uma interação virtual.

Conexão por entregas

Terry estava com o pneu do carro furado e decidiu usar um serviço de entregas para pedir itens de supermercado. Neil, que estava fazendo as compras dela, enviou uma mensagem de texto.

"Não tem pão de hambúrguer integral. Tudo bem substituir pelo de farinha branca?"

Terry tem uma escolha. Ela pode responder com um simples "sim". Ou estabelecer uma conexão.

"Bem, acho que esse foi o jeito que o universo encontrou de me dizer para comprar o pão que eu queria de verdade. Estava tentando ser saudável quando pedi o integral."

Neil agora tem uma escolha. Ele pode deixar tudo como está ou responder à mensagem para aprofundar a conexão.

"Com certeza é um sinal. Obrigado por responder rápido."

"Por nada! Imagino que seja chato quando você está de pé aí esperando uma resposta e a pessoa não manda nenhuma mensagem." Terry continuou a conexão mostrando empatia por ele.

"É mesmo! Mas são clientes como você que fazem meu trabalho valer a pena."

Não havia "motivo" para Terry e Neil terem estabelecido uma conexão aquele dia. Ele não estava fazendo aquilo pela gorjeta (que Terry já tinha pré-configurado) e ela também não estava agindo daquela forma para obter qualquer vantagem. Na verdade, os dois nunca se encontrariam, uma vez que Terry indicou que as compras deveriam ser deixadas na porta da casa. Após a transação, o chat seria desativado e eles nunca se falariam de novo.

As conexões podem acontecer em qualquer lugar e variar do simples ao profundo. São elas que dão tempero ao caldo da vida. São elas que podem fazer tudo valer a pena e nos deixar com um sorriso no rosto. E quem não quer sorrir?

Nosso ponto de vista sobre a conexão

Do ponto de vista de Dale Carnegie, conexão tem a ver com estabelecer uma comunicação com o outro. Não esperamos que ele venha até nós. Em vez disso, vamos até ele. Pesquisamos e fazemos perguntas significativas que reflitam um interesse verdadeiro na outra pessoa. E, então, trocamos "fazer" por "ser". Nos tornamos presentes para o outro e para o que ele está dizendo, pensando e sentindo. Essa é uma mentalidade muito diferente de esperar que a outra pessoa pare de falar para que possamos discorrer sobre nós mesmos. Quando estamos disponíveis emocionalmente e presentes na interação com o outro, mesmo que por pouco tempo, podemos criar uma conexão poderosa. O crucial é descobrir o que é importante para ele e "enxergar" a essência, as necessidades e os desejos dele. Essa mentalidade é baseada no nono princípio de Dale Carnegie, de *Como fazer amigos e influenciar pessoas*: "Faça com que o outro se sinta importante – e faça com sinceridade."

A Carnegie master Nan Drake dá o seguinte conselho: "Se você for a um evento de networking, faça a lição de casa. Por exemplo, se for a uma festa de fim de ano, descubra quem estará lá. Pesquise. Digamos, 'Fulano tem três filhos'. Isso pode ajudar você a se conectar melhor porque mostra que está ouvindo e prestando atenção no que é importante para o outro. É rápido encontrar o LinkedIn (ou outro perfil de redes sociais) de uma pessoa e descobrir algumas informações sobre ela." Isso ajuda a estabelecer uma conexão. Vocês estudaram no mesmo lugar? Se interessam pelas mesmas causas sociais? Moram na mesma cidade? Obtiveram uma certificação parecida? Seguem as mesmas pessoas? Essas pequenas coisas podem dar início a uma ótima conversa e desencadear uma conexão poderosa. Entre amigos, colegas e a internet, não há desculpa para não saber mais sobre as pessoas.

Semelhanças através das diferenças

Isso significa que é fácil? Que se conectar com os outros não traz desafios? Claro que não. No mundo moderno, passou a ser visto como normal entrar em conflito com quem é diferente de nós. Isso pode fazer com que algumas pessoas fiquem desconfiadas quando entramos em contato para estabelecer uma conexão. A reação pode ser: "O que você quer de mim?" ou "Eu não vou mudar por você".

No entanto, é exatamente em situações assim que a conexão é mais importante. A conexão genuína pode criar pontos em comum a partir das diferenças. E, uma vez que isso acontece, o conflito diminui. Podemos até não concordar com o outro, mas somos capazes de ver com os olhos dele por um tempo. Entender a perspectiva dele e, talvez, mudar a nossa, ou pelo menos compreender qual é a verdadeira fonte de divergência.

A verdade é que é mais fácil transformar a nós mesmos do que mudar nossas circunstâncias. E podemos mudar nossas circunstâncias se nos transformarmos.

Como este livro é estruturado

Conecte-se! é dividido em duas partes. A Parte 1 trata dos componentes internos da conexão – nossa Consciência e nossa Mentalidade. A Parte 2 aborda os componentes interpessoais – Habilidades e Fazer Contato. Combinados, esses componentes levam à Conexão.

Consciência e Mentalidade
+
Habilidades e Fazer Contato
=
Conexão

PONTOS PRINCIPAIS

- A Dale Carnegie Training atua no ramo das conexões desde 1912.
- A **conexão** (princípios 1 a 9) leva à **cooperação** (princípios 10 a 12), que leva à **mudança** (princípios 22 a 30).
- A conexão cria afinidade. A falta de conexão gera indiferença.
- Conectar-se significa descobrir os principais desejos do outro – o que é importante para ele. É algo que fazemos o tempo todo, não apenas para obter algo.
- Tipos de conexão:
    1. Profissional/pessoal;
    2. Presencial/on-line;
    3. Pessoas semelhantes a/pessoas diferentes de nós;
    4. Natural/estratégica.
- A verdadeira conexão não é um toma lá, dá cá. Ela se baseia no princípio 9: "Faça com que o outro se sinta importante – e faça com sinceridade."
- A visão de Dale Carnegie a respeito da conexão: não espere que o outro venha até você.
- O crucial não é fazer, é "ser": ser disponível para o outro.
- É mais fácil transformar a nós mesmos do que mudar nossas circunstâncias. E podemos mudar nossas circunstâncias se nos transformarmos.

"Não basta entender os princípios, você precisa aplicá-los. Se o objetivo for aprender a lidar com o estresse e a preocupação, você tem que enfrentar o mundo e lidar com essas coisas. Se quiser aprender a falar, você tem que se levantar e falar. Se quiser nadar, você tem que pular na água. Não dá para nadar sem entrar na água, e não dá para se conectar sem estar com outras pessoas."

– Nigel Alston

PARTE UM

Consciência e mentalidade

Para mudar o desempenho, você precisa mudar primeiro as emoções e o comportamento

Dizem que todas as mudanças vêm de dentro. É por isso que a Parte 1 de *Conecte-se!* começa analisando os fatores que existem dentro de cada um de nós. A conexão vem tanto da consciência quanto da mentalidade. Quando percebemos nossos pensamentos conscientes e inconscientes sobre quem é parecido e quem é diferente de nós, quando desvendamos nossas habilidades naturais e as limitações que impomos a nós mesmos, quando descobrimos o valor não apenas do que temos em comum, mas também do que temos de único, e quando desenvolvemos a capacidade de mudar de ponto de vista e de filtro, podemos ter a mentalidade adequada para formar conexões profundas e significativas.

1
As pessoas são diferentes
(mas, ao mesmo tempo, parecidas)

O Dia de Ação de Graças sempre foi a data comemorativa preferida de Ernie. Não apenas porque ele adorava a torta de maçã da tia Vera e o recheio de linguiça que sua mãe fazia. Ernie amava o Dia de Ação de Graças porque era uma oportunidade para se conectar com parentes que, muitas vezes, ele só via uma vez por ano. É verdade que a família dele era um pouco doida. Mas qual família não é?

Quando Ernie estacionou na entrada da casa do primo Eddie, percebeu que vários membros da família já estavam lá. Ele não pôde deixar de se perguntar se este ano seria diferente. Seria tudo como sempre? Ou seria mais difícil tolerar as pessoas com quem ele não se dava bem?

Que diferença a conexão com os outros pode fazer?

Pesquisas mostram que 71% das pessoas recorrem à família e aos amigos em momentos de estresse.[1] Os humanos são seres sociais, com o ímpeto biológico de ter suas necessidades emocionais e físicas atendidas por meio da relação com os outros.

Estudos apontam os benefícios da conexão social:

- Aumento da felicidade. Em diversos estudos contundentes, uma diferença crucial entre pessoas muito felizes e indivíduos menos felizes era o fato de ter ou não bons relacionamentos. Isso vale tanto para a vida profissional quanto para a vida pessoal.
- Saúde melhor. Em um estudo recente conduzido com idosos, a solidão foi associada a um maior risco de ter hipertensão.
- Uma vida mais longa. Um estudo com duração de nove anos descobriu que pessoas com laços sociais e comunitários fortes têm entre duas e três vezes menos probabilidade de morrer.

Como isso pode se manifestar no cotidiano? A conexão pode assumir diversas formas: uma ajuda concreta, uma boa risada, apoio ou validação emocional.

"Você poderia pegar meus filhos na escola hoje? Estou presa no trânsito."

"Sinto muito por você estar passando por este momento tão difícil."

"Sei que é difícil ter um recém-nascido que não dorme. Isso não vai durar para sempre. Aguente firme por enquanto. Você consegue!"

"E se você e Lesley planejassem uma saída a dois uma noite por semana?"

Diferenças e semelhanças

A maioria de nós já viu (ou teve) irmãos completamente diferentes um do outro. Até gêmeos idênticos, que compartilham o mesmo DNA, podem ter suas diferenças. O ator Rami Malek, por exemplo, é expressivo e extrovertido, ganha prêmios e é destaque no tapete vermelho de eventos. Seu gêmeo, Sami Malek, não tem as mesmas características, preferindo ficar afastado da atenção que o irmão busca. Assim, Sami escolheu a carreira acadêmica e passa os dias lecionando.

Como é possível que as pessoas sejam tão diferentes umas das outras? A resposta está nas nossas semelhanças. Todos os seres humanos têm um conjunto básico de necessidades interpessoais, mesmo que o jeito de expressá-las seja diferente.

Três necessidades básicas

1. Quanto temos em comum? O psicólogo americano William Schutz passou a carreira estudando necessidades interpessoais. As ideias dele sobre essas necessidades surgiram de seus primeiros trabalhos, quando observou marinheiros que estavam servindo em submarinos para melhorar o desempenho. Podemos imaginar que um submarino seja um lugar onde as pessoas precisam trabalhar bem em conjunto e têm dificuldade em se afastar umas das outras durante missões que duram de três a seis meses. Schutz afirmou que a necessidade de **afeição ou abertura** está presente em todos os seres humanos. (A valorização é uma forma de afeição.) Todos precisam ser valorizados e reconhecidos, mas a intensidade dessas necessidades e o modo como são supridas variam de pessoa para pessoa. Por exemplo, alguns indivíduos demonstram abertura ou afeição ao contar sobre os acontecimentos da própria vida para muitas pessoas, na maior parte do tempo. Outros preferem se manter mais reservados. Algumas pessoas gostam de saber o que está acontecendo com os demais, ao passo que há quem não se interesse muito por isso. Não existe uma fórmula correta, e é importante entender que cada um tem necessidades diferentes de compartilhar as próprias experiências e ouvir sobre as dos outros.

2. Quem está no comando? Além de afeição/abertura, os seres humanos também têm necessidade de **controle**, que é a capacidade de influenciar pessoas ou acontecimentos. Assim como acontece com a afeição, há diferenças individuais em como percebemos o controle. Alguns de nós são mais propensos a assumir o comando de uma situação e se sentem confortáveis fazendo isso. Outros demonstram menos interesse em assumir o controle e ficam à vontade em situações em que as coisas parecem um pouco caóticas. De forma parecida, há quem prefira que os outros lhe digam o que fazer, ao passo que há pessoas que se sentem menos dispostas a deixar que os outros lhes deem instruções. Mais uma vez, não existe resposta correta, e é útil entender que cada um é comandado por suas necessidades interpessoais, que definem suas interações com os outros.

3. Quem está no seu "círculo íntimo"? Por fim, Schutz diz que o **pertencimento** é uma necessidade humana básica. E, segundo Schutz, ela também é contínua, tal como as outras duas. As pessoas têm diferentes necessidades de pertencimento, que podem mudar de acordo com diversos fatores. Alguns indivíduos querem mais pertencimento, enquanto outros talvez desejem menos. Podemos querer convidar todo mundo que conhecemos para nossa festa de aniversário. Ou talvez desejemos apenas a presença de uns poucos amigos íntimos. Se nosso vizinho estiver dando uma festa, ficamos decepcionados por não termos sido convidados ou suspiramos de alívio?

Essas três necessidades – afeição, controle e pertencimento – não são estáticas. Elas dependem do contexto. Uma pessoa pode ter grande necessidade de controle em um ambiente, mas precisar de menos em outro. Um exemplo é o da gerente que insiste em receber atualizações diárias da equipe, mas não tem preferência de lugar para as férias da família.

Quando observamos essas ideias como um todo – que temos necessidade de afeição, controle e pertencimento e que, dentro dessas necessidades, existem diferenças individuais em como as suprimos – e, então, acrescentamos a noção de que as pessoas podem agir de maneira diferente dependendo do ambiente, começamos a ver como a comunicação é importante para conseguirmos nos conectar uns com os outros. Todos queremos ter pessoas em nosso "círculo" e pertencer ao "círculo" dos outros, mas em diferentes graus. Além disso, queremos estar abertos aos outros e que eles também estejam abertos a nós, mas em níveis distintos (algumas pessoas querem muito e outras, muito pouco).

Compreensão aplicada

– Que bom ver você, Ernie – disse tio Eddie. – Entre. Seus primos e sua tia Vera estão na sala de TV.

Ernie conseguiu ouvir o primo Peter antes mesmo de entrar na casa. Ele estava falando de religião, como sempre. Peter era a pessoa que, em toda festa, alardeava suas opiniões para qualquer um que conseguisse encurralar. Ernie não concordava com as posições política e religiosa do primo e, em geral, simplesmente ignorava a ladainha dele. Mas, este ano, o discurso lhe pareceu mais irritante que de costume.

Ele resolveu ir para o sofá e se sentar ao lado de Avery, sua sobrinha. A menina era sem dúvida alguém que expressava pouca necessidade de pertencimento e abertura. Quando Avery era mais nova, Ernie a encontrava com frequência sozinha em um canto, lendo. Agora que era uma jovem adulta, parecia mais desligada do que nunca, sentada no sofá olhando o celular.

– Oi, Avery! – disse ele, sentando-se ao lado da sobrinha.

O olhar de Avery brilhou ao ver Ernie. Era provável que a jovem estivesse aliviada por ele ter se sentado ao seu lado antes que Peter o fizesse.

– Oi, tio Ernie! Quanto tempo.

Eles contavam as novidades um ao outro quando Vera, tia de Ernie, entrou na sala e anunciou:

– Tenho más notícias, pessoal. O forno quebrou e o peru está lá dentro, cru, há três horas. Não teremos peru para o jantar!

O caos se instaurou, e o marido de Vera, Andrew, começou a tentar pôr a culpa em alguém.

– Como você não percebeu que não estava ligado? Não sentiu o cheiro?

– Como eu ia sentir cheiro de nada? Não tinha do que sentir cheiro! – disse Vera. – Eu liguei o forno! Era para você ter visto se ele estava funcionando direito na semana passada!

– Tudo bem, tudo bem – disse Peter, tentando assumir o controle da situação. – Temos três opções. Podemos pedir o forno do vizinho emprestado e esperar para jantar mais tarde, comer apenas os acompanhamentos ou então ir a um restaurante que sirva um jantar de Ação de Graças completo. Acho que devemos...

– Que doido controlador – sussurrou Avery para Ernie. – É só um peru.

Sem dúvida, Peter era o tipo de pessoa que gostava de comandar as coisas, e a transmissão de culpa era o jeito de Vera demonstrar sua falta de interesse em ser controlada. Ernie riu e respondeu para Avery:

– Eles podem ser doidos, mas são os nossos doidos.

Não existe o melhor jeito

Algo importante a se observar é que, embora alguns dos termos a respeito dos diferentes tipos de necessidade de afeição/abertura, controle e pertencimento possam indicar que há um jeito "ideal" de ser, acreditamos que toda tendência é válida e tem seu valor. Parte importante de se conectar com os outros é aceitar e entender que eles são diferentes de nós, e tudo bem.

De que forma podemos aplicar essas ideias às maneiras como nos conectamos? Vamos dar uma olhada nas necessidades humanas básicas e nas diferenças individuais e analisá-las para refletir sobre como as pessoas com essas tendências podem acolher a conexão.

Afeição

Pessoas que demonstram baixo desejo de afeição/abertura tendem a evitar compartilhar muitas informações ou histórias pessoais. Para se conectar com alguém assim, é importante corresponder ao volume de informações e abertura que a outra pessoa está oferecendo. Não "fale demais"! Mantenha a conversa concentrada nos interesses do outro e nos assuntos que ele se sente confortável em abordar.

Indivíduos que demonstram alto desejo de afeição/abertura adoram ter conversas profundas, contar suas histórias e receber reconhecimento. Ao lidar com alguém assim, o segredo para a conexão é escutar e fazer perguntas sobre suas experiências e seus sentimentos.

Independentemente do nível de preferência que o interlocutor expressar (alto, médio ou baixo), espelhe seu comportamento no dele. Tenha sensibilidade a sinais de que ele quer que você se envolva mais ou de que deseja se retirar da conversa. Pode ser preciso elevar ou suprimir suas próprias preferências para atender às necessidades do outro.

Controle

Pessoas que demonstram necessidade de controlar uma situação têm tendência a se autodirigir. São aquelas que tomam para si a responsabilidade tanto dos sucessos quanto dos fracassos e podem ser bem duras consigo mesmas quando as coisas não saem conforme planejado. O espaço para conexão, aqui, é o reconhecimento disso. Comentar e identificar áreas em que as ações da pessoa levaram a resultados positivos ("Aquela palestra que você deu foi ótima, todo mundo amou!") e demonstrar empatia quando as coisas não dão certo ("Pode ser muito difícil quando surgem dificuldades técnicas durante uma apresentação, mas você se saiu muito bem em manter a calma!") são formas de se conectar com essa tendência.

Por outro lado, precisamos tratar de um jeito diferente aqueles indivíduos que não são propensos a demonstrar um desejo de controlar a situação. Para se conectar com alguém com essa tendência, concentre a conversa no que a pessoa está sentindo a respeito da situação e no que a sua experiência tem em comum com a dela ("Foi mesmo muita sorte sua não se atrasar para a reunião. Adoro quando encontro uma vaga assim tão rápido." "Sinto muito que seu cachorro tenha fugido quando o jardineiro deixou o portão aberto. Você deve ter ficado aterrorizada!") Evite apontar a responsabilidade da pessoa em relação ao acontecido ("Talvez você devesse ter verificado o portão depois que o jardineiro saiu"). O objetivo é se conectar com ela, e não corrigi-la.

Qualquer que seja a necessidade de controle que o interlocutor demonstrar, faça perguntas e siga o exemplo dele (de maneira sincera, é claro) para entrar no mundo daquela pessoa e contar experiências de coisas que estejam tanto sob nosso controle quanto fora dele. Mais uma vez, as preferências do outro podem não ser iguais às suas, mas, ao ajustar seu comportamento para atender às necessidades dele, você pode melhorar a conexão. O princípio 18 de Dale Carnegie se aplica aqui: "Demonstre simpatia pelos desejos e ideias do outro."

Pertencimento

Pessoas que demonstram uma preferência menor em se aproximar dos outros têm mais probabilidade de se sentirem confortáveis em interações com apenas um indivíduo ou em grupos reduzidos. Para se conectar com alguém assim, em primeiro lugar, procure-o! Ele talvez seja aquela pessoa na mesa do bufê ou em um canto, que fica apenas observando. Entenda que pode haver algum constrangimento no começo de uma conversa, mas, se você passar a ter um interesse genuíno, pode ser que a pessoa se abra.

Aqueles que querem incluir muita gente na maioria das situações podem ser justamente as figuras que mais animam as festas! É possível ouvi-los convidando os outros a entrar, vendo se está tudo bem com todo mundo e se certificando de que todos participem das conversas. Para estabelecer uma conexão genuína com alguém assim, é essencial ir além do verniz social e descobrir o que é realmente importante para a pessoa.

Como sempre, é preciso perceber quanto pertencimento aquela pessoa demonstra e reconhecer que isso pode ser diferente do que ela quer. Steve sempre chamava muita gente para sua casa para ver jogos de futebol e fazer churrascos no quintal. No entanto, quando era convidado para as festas dos amigos, ele nunca aparecia. Não devemos levar esse tipo de comportamento para o lado pessoal. Em vez disso, temos que respeitar que essa é a necessidade daquela pessoa e ajustar nossa conduta a isso.

Seja autêntico

O centro de tudo isso é a ideia da autenticidade. Você vai vê-la várias vezes ao longo deste livro. Não estamos nos conectando com os outros para obter algo deles. Não é uma transação desse tipo. Não perguntamos ao barista como está o dia dele para conseguir um pouquinho de calda extra no café. Fazemos essa pergunta para podermos de fato vivenciar uma conexão autêntica com outro indivíduo. A ideia é ser o tipo de pessoa que se interessa genuinamente pelos outros. E que talvez possa tornar o dia deles melhor. E o nosso também.

No entanto, é uma via de mão dupla. Precisamos estar dispostos a não apenas entrar no mundo das outras pessoas, mas também permitir que elas entrem no nosso. Se nos aprofundarmos, é possível que elas também façam isso. É claro que isso não significa contar toda a nossa história de vida quando alguém perguntar "como vai você?". Mas quer dizer, sim, que temos que estar dispostos a agir primeiro. "Uma saudação é algo que fazemos, e não algo que devemos esperar." Não faremos conexões significativas até que estejamos abertos para falar sobre nós mesmos (qualquer que seja nosso grau preferencial de afeição/abertura).

Em essência, quando nos conectamos, prestamos atenção em quatro fatores essenciais:

- O que temos em comum? Nada aproxima duas pessoas com mais rapidez do que descobrir amigos em comum ou origens, experiências, interesses, hobbies e paixões similares. Parte da tarefa de se conectar é encontrar essas semelhanças para criar um terreno comum. Laura, que mora na Carolina do Norte, estava dando um curso on-line com participantes de Taiwan. Truett, um dos alunos, perguntou se ela conhecia Cam, já que os dois trabalhavam no mesmo lugar. Ela conhecia, e Truett e Laura estabeleceram uma conexão sólida.

- O que é interessante a respeito da outra pessoa? Quando pedimos para o outro falar sobre seus interesses, isso cria uma ótima conexão. Aubrey Percy se viu em um jantar sentada ao lado de Lee, que não estava participando da conversa. Lee não fazia perguntas e não parecia interessado em nada. De alguma forma, o assunto passou a ser a produção de cerveja, e Lee passou a hora seguinte se dedicando a ajudar Aubrey a entender o processo e por que era tão empolgante! Os dois estabeleceram uma ligação através do interesse de Lee, e Aubrey formou uma conexão com alguém que tinha um "círculo íntimo" muito restrito.
- O que motiva o outro? Às vezes, presumimos que aquilo que nos motiva também motiva todo mundo. Mas os indivíduos são diferentes uns dos outros! Quando conseguimos descobrir a motivação de uma pessoa, ou o que a inspira, podemos encontrar um jeito de nos conectar profundamente com ela. Samir presumia que os membros de sua equipe eram motivados pela mesma coisa que ele e sempre mencionava isso. Em determinado momento, descobriu que os outros faziam parte da equipe por razões muito diferentes. Samir mudou o foco da comunicação para refletir os interesses *deles* em vez dos seus.
- O que o outro valoriza? Todo mundo tem valores diferentes, e até dois indivíduos desempenhando a mesma função no trabalho podem fazê-lo por motivos bem distintos. Um deles pode valorizar a oportunidade de melhorar a empresa, ao passo que o outro talvez valorize a chance de fazer a diferença no mundo. Ou a liberdade que aquele emprego proporciona. Ou a segurança financeira. Quando entendemos o que uma pessoa valoriza, compreende-

mos quem ela é de verdade, e essa é uma base firme para uma conexão.

Visualize sua melhor jogada

A treinadora master Rena Parent diz: "Meu marido é ex-jogador de hóquei da NHL e meus dois filhos são excelentes jogadores de hóquei. Quando eles pensam sobre sua conexão interna com aquilo que querem alcançar e sobre como devem fazer isso, tudo começa na mente. Mesmo quando não estão no gelo, a mente e o coração deles são mais poderosos que qualquer coisa. É preciso visualizar a melhor jogada. Qual poderia ser a sua? Você tem que se voltar para o seu interior, viver como se aquilo já tivesse acontecido. E fazer isso todo dia ao se deitar – é exatamente o que a maioria dos atletas bem-sucedidos faz. Eles visualizam a si mesmos vencendo."

Enquanto isso, no próximo capítulo, vamos dar uma olhada no espelho e identificar as limitações autoimpostas à conexão.

PONTOS PRINCIPAIS

- Os benefícios da conexão social são:
  - mais felicidade;
  - saúde melhor;
  - vida mais longa.
- A necessidade de afeição, controle e pertencimento é intrínseca a todos os humanos.
  - Afeição: Quanto compartilhamos a respeito de nós mesmos?
  - Controle: Quem está no comando?
  - Pertencimento: Quem está no nosso "círculo íntimo"?
- Essas três necessidades (afeição, controle e pertencimento) não são estáticas, mas dependem do contexto.
- Às vezes, precisamos aumentar ou diminuir nossa expressão dessas três necessidades.
- Parte importante de se conectar com os outros é aceitar e entender que eles podem ser diferentes de nós, e tudo bem.
- Basicamente, quando fazemos conexões, prestamos atenção em quatro fatores cruciais: o que temos em comum com a outra pessoa, o que é interessante para ela, o que a motiva e o que ela valoriza.

"Você sabe qual é a característica mais importante que um líder pode ter? Não é a capacidade executiva, não é uma ótima mentalidade, não é gentileza, coragem nem senso de humor – embora todas essas sejam tremendamente importantes. Na minha opinião, é a capacidade de fazer amigos, o que, em suma, significa a capacidade de enxergar o melhor no outro."

– DALE CARNEGIE

2
Superando limitações autoimpostas

Ernie estava de pé no pátio da sala de descanso do trabalho, se esforçando muito para não dizer algo de que pudesse se arrepender. Mais cedo, a chefe o chamara até a sala dela para a avaliação trimestral de desempenho e dera a ele um feedback bastante difícil de ouvir. Ernie precisou usar toda a sua maturidade emocional para não discutir com a chefe ali mesmo. "Ela perdeu a noção de como é trabalhar em campo", pensou. "Faz mais de cinco anos que vive atrás daquela mesa. Muita coisa mudou! Não posso simplesmente entrar nos escritórios dos clientes e exigir falar com o diretor de marketing. Não funciona assim."

Essa não era a primeira vez que Ernie recebia um feedback com o qual não concordava. Com o tempo, ele tinha aprendido a não falar no calor do momento, mas a pedir licença para se acalmar primeiro. Após alguns minutos, ele sentiu o coração desacelerar. "Certo, existe alguma verdade no que ela disse? Estou impedindo meu próprio progresso por não falar sobre minhas ideias com os altos executivos? Será que esse é um ponto cego meu?"

Você já esteve em um lugar com pessoas que, na sua opinião, eram mais bem-sucedidas do que você, deixando-o intimidado?

Ou sentiu a "síndrome do impostor"? A instrutora Antoinette Robinson já passou por isso e fala sobre como superar essas limitações autoimpostas:

> Lá estava eu, atualizando minha certificação Dale Carnegie. Estava nervosíssima e me perguntando se ser uma instrutora certificada era o passo certo para mim. Sentada em meio a alguns dos melhores e mais inteligentes membros da organização, percebi que minha crítica interna estava muita ocupada me informando: "Você não é capaz de fazer isso..." Será que eu conseguiria mesmo guiar indivíduos com alto potencial rumo ao seu próximo estágio de grandeza? Será que meu currículo era bom o bastante? Uma enxurrada de dúvidas passou pela minha mente, e percebi que comecei a concordar com minha crítica interior.
>
> Então, um Carnegie master me chamou para treinar um executivo que estava na sala. Pensei comigo mesma: "É sério isso?" Em algum momento entre me levantar do meu lugar, ir até a frente da sala de treinamento e questionar a mim mesma se eu deveria pedir licença e fingir que estava indo ao banheiro e fugir para casa, uma fagulha se acendeu. Percebi que tinha me desconectado do meu eu superior, da minha verdadeira essência.
>
> Comecei a me lembrar de todos os líderes que enriqueceram minha vida e me transmitiram sua genialidade; pensei nas inúmeras vezes em que liderei projetos bem-sucedidos. Também pensei que aqueles que viriam depois de mim precisavam que eu me mantivesse conectada com minha verdadeira essência e levasse a humanidade para a frente. Nem preciso dizer que meu eu superior venceu e, sete anos depois, ainda sou uma instrutora certificada Dale Carnegie, com muito orgulho.
>
> Para concluir, peguei emprestada uma frase do mundo ci-

bernético: "Verifique a conexão..." Muitas vezes, a desconexão é interna, e não externa.

Como aquele Carnegie master detectou algo em Antoinette que ela não enxergava em si mesma? A resposta está na Janela de Johari.

A Janela de Johari

Muitas vezes, não temos consciência da percepção que os outros têm de nós, de como nos apresentamos às pessoas nem de quão bem conhecemos a nós mesmos. A Janela de Johari é um modelo que nos ajuda a nos tornar autoconscientes, ou mais abertos. Ela foi inventada pelos psicólogos Joseph Luft e Harry Ingham, que criaram esse modelo porque entenderam que as pessoas não têm uma autoconsciência completa e que a falta dela pode afetar nossa vida.

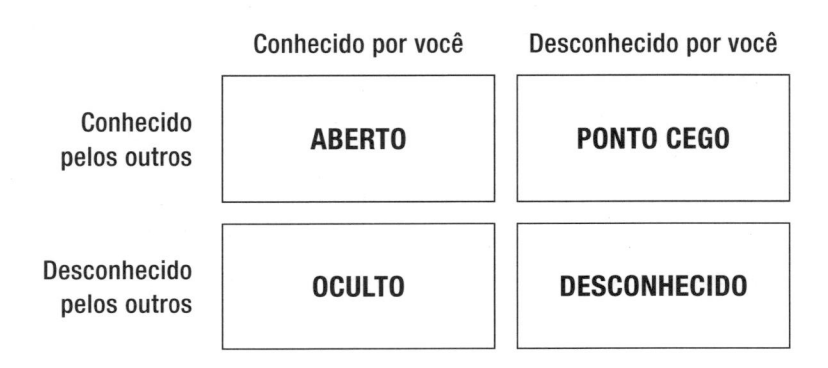

	Conhecido por você	Desconhecido por você
Conhecido pelos outros	ABERTO	PONTO CEGO
Desconhecido pelos outros	OCULTO	DESCONHECIDO

Existem quatro quadrantes na janela: Aberto, Oculto, Ponto Cego e Desconhecido. Vamos explorar mais detalhadamente este modelo – ou estrutura para aumentar a autoconsciência –, uma vez que ele tem relação com a conexão com outras pessoas.

Aberto

O quadrante Aberto representa as áreas que são conhecidas por nós mesmos e pelos outros. Talvez tenhamos fotos de família no escritório ou ingressos para todos os jogos dos Lakers em determinada temporada. Todos, inclusive nós, podem estar cientes de que costumamos nos atrasar para as reuniões ou que temos excelentes habilidades com o pacote Microsoft Office. Essas são coisas sobre nós mesmos que sabemos e que os outros também sabem.

Oculto

O quadrante Oculto contém as áreas que conhecemos, mas que mantemos escondidas do restante do mundo. Por exemplo, se alguém estiver com dificuldades financeiras e precisar declarar falência, talvez não deseje que os outros saibam disso. Problemas com um cônjuge ou com os filhos, ou até uma busca por outro emprego, podem ser coisas que decidimos manter ocultas. Os itens ocultos não são necessariamente ruins – eles também podem ser pontos fortes. Talvez uma pessoa não queira que todos saibam que ela é uma ótima bartender, porque aí todo mundo vai lhe pedir para preparar drinques em todas as festas dali em diante. Ou podemos esconder pontos fortes profissionais porque não queremos mais executar determinadas tarefas ou acabar sendo obrigados a ser a pessoa que "sempre" fica responsável pela ata das reuniões. Coisas ocultas são coisas das quais estamos cientes, mas que os outros não sabem.

Ponto cego

Pontos cegos são coisas que outras pessoas sabem, mas das quais não estamos cientes. Talvez você seja um péssimo cantor, apesar de se achar afinadíssimo. Às vezes, quem tem um animal de estimação não sabe que sua casa cheira a xixi de gato ou a pelo de cachorro molhado. As outras pessoas sabem disso, mas nós, não.

Quando a chefe de Ernie o chamou em sua sala, ela explicou que achava que ele não estava se valorizando por não levar suas boas ideias a executivos com cargos mais altos nas empresas dos clientes. Ela sentiu que Ernie tinha um ponto cego a respeito do próprio talento.

A verdade é que todo mundo tem pontos cegos, e eles podem afetar a maneira como interagimos com as pessoas sem percebermos – mesmo que tenhamos as melhores intenções. Falaremos mais sobre isso ao longo do livro, abordando inclusive o conceito de viés inconsciente.

Desconhecido

O último quadrante da Janela de Johari é o Desconhecido. É aqui que ficam as coisas sobre as quais nem nós nem os outros estão cientes. Será que você ia gostar de voar de asa-delta? Se nunca fez isso, então ninguém tem como saber. Será que viveria feliz num lugar isolado no meio do mato? Será que ficaria contente trabalhando em uma empresa muito maior? Supondo que você ainda não tenha feito essas coisas, a resposta é desconhecida.

É nos quadrantes Desconhecido e Ponto Cego que existem oportunidades de comunicação. Quanto mais curiosos formos a respeito dos outros e nos abrirmos a conexões autênticas, mais seremos capazes de descobrir informações sobre nós mesmos que não sabíamos (e talvez ajudar os outros a desvendar coisas que eles também não sabiam!).

Identificando pontos cegos

Como escrevemos em outro livro desta série, *Lead!* (sem tradução no Brasil), pontos cegos podem significar a morte de uma liderança eficaz. Pesquisas da Carnegie Training identificaram as quatro principais áreas nas quais podemos não ter consciência do nosso impacto. São coisas que pensamos estar fazendo bem, mas que, na realidade, não estamos.

1. Elogiar e valorizar. A maioria das pessoas diz que não recebe feedback suficiente, especialmente elogios e valorização. E a maioria de nós percebe que não oferece esse tipo de avaliação tanto quanto poderia.

2. Admitir quando estamos errados. Às vezes, nos concentramos demais nos motivos pelos quais fizemos uma coisa ou em tentar encobrir nossas ações, quando, na verdade, precisamos admitir de maneira enfática que erramos e, então, trabalhar para corrigir o erro.

3. Ouvir, respeitar e dar valor às opiniões dos outros. Precisamos buscar ativamente as opiniões dos outros e acreditar nelas, em vez de descartá-las porque talvez sejam diferentes das nossas crenças.

4. Os funcionários precisam ser capazes de confiar nos líderes para serem sinceros consigo mesmos e com os outros. Embora existam situações em que os líderes não podem compartilhar informações, quanto mais transparentes e abertos formos, mais confiança e lealdade cultivaremos em nossas equipes.

Esses quatro itens são relevantes para todos, mesmo para quem não desempenha uma função de liderança no trabalho, já que ter consciência desses pontos cegos pode nos ajudar a enxergar melhor a lacuna entre nosso verdadeiro comportamento e aquele que desejamos. Quando nos esforçamos para identificar pontos cegos nessas quatro áreas e aprendemos a superá-los em um nível pessoal, isso pode nos ajudar a formar conexões mais significativas com os outros.

Jonathan Vehar era um instrutor novato quando sua colega Blair Miller – que, por acaso, é mestre em fazer conexões, como você verá adiante – lhe deu o seguinte feedback: nos programas de treinamento, ele deveria reservar um tempo antes do início das atividades e durante os intervalos para se conectar com os participantes. "Por que me dar ao trabalho? Nunca mais vou vê-los", respondeu Jonathan. Blair destacou que a conexão pessoal é o que permite que as pessoas estejam dispostas a deixar que as ajudemos e se abram o suficiente para tentar algo diferente. "Sem conexão, é impossível ser eficaz em treinamento, liderança, orientação, coaching ou qualquer outra coisa que envolva pessoas", disse Blair.

Quando for avaliar o impacto do seu próprio comportamento, lembre-se destas dicas:

- Presuma que não somos objetivos ao avaliar nossas próprias habilidades. Isso significa que precisamos de ajuda. Há uma série de ferramentas de feedback 360 graus disponíveis que podem fornecer dados sobre as percepções das pessoas com quem você trabalha.
- Prepare-se para o feedback. Pode ser difícil deixar o ego de lado, e muitas pessoas se beneficiam ao aprender técnicas adaptativas que as ajudam a encarar e aceitar feedbacks de maneira construtiva. No mínimo, comprometa-se a não

interromper o feedback e/ou apenas fazer perguntas que auxiliem na compreensão dele.
- Valorize a intenção. Embora possa ser desconfortável receber um feedback que revela pontos cegos, lembre-se de que também é difícil dar feedbacks construtivos. É provável que a pessoa que está fazendo os comentários queira ajudar. Há um velho ditado que diz: "O feedback é um presente." Às vezes, dá vontade de pedir a nota fiscal do feedback para que possamos trocá-lo. Mas, de qualquer forma, ele é um presente que exige que a outra pessoa tenha interesse suficiente para perceber como você age, tempo o bastante para elaborar os comentários e coragem para fazê-los.
- Interrompa rotinas. Ficamos sem enxergar as coisas ao redor quando nos habituamos a fazer tudo do nosso jeito e acabamos criando roteiros para nos relacionarmos com os outros – por exemplo, como reagimos a problemas, conduzimos reuniões ou treinamos nossos funcionários.
- Apenas faça. Dada a importância desses comportamentos de liderança, não há desvantagem alguma em simplesmente agir para se tornar ainda melhor neles. O simples ato de aprender também pode incentivar um autoconhecimento maior, o que significa que há um benefício duplo em agir: tomar consciência do seu desempenho em relação a esses comportamentos cruciais para motivar os funcionários e, ao mesmo tempo, se empenhar para aprimorá-los.

"A verdade o libertará. Mas, antes disso,
pode deixá-lo com raiva."

O feedback de Blair deixou Jonathan com raiva. Mas ele também reconheceu que Blair estava tentando ajudá-lo a ser mais eficaz. Depois que Jonathan se deu conta disso, os dois conseguiram trabalhar juntos para que ele melhorasse seu desempenho.

É impossível eliminar completamente nossos pontos cegos; eles fazem parte da natureza humana. Mas, com autorreflexão sincera e esforço concentrado, podemos navegar com segurança para nos tornarmos os líderes excepcionais que queremos ser.

Com autoconsciência, adote a chamada "mente de aprendiz". Seja aberto e curioso, não se importe em cometer enganos e estar errado. Mesmo que nos esforcemos para atingir padrões altíssimos, precisamos deixar o ego de lado.

Autoavaliação

Para utilizar totalmente a metade inferior da Janela de Johari, é preciso se familiarizar com a prática da autoavaliação. É fácil saber das informações que já temos sobre nós mesmos. A prática de revelar para si mesmo coisas que estão ocultas é uma ferramenta poderosa para se conectar com os outros.

Feedback

Para utilizar totalmente a metade direita da Janela de Johari, precisamos nos tornar confortáveis com o recebimento de feedback. A única forma de identificar pontos cegos é pedir a alguém em quem confiamos que os aponte. Solicitar feedback e estar aberto para recebê-lo é mais uma ferramenta poderosa para se conectar com os outros.

Quando estamos comprometidos com o aprendizado e o crescimento contínuos, encontramos meios de superar o desconforto em revelar mais informações a respeito de nós mesmos e ficamos mais abertos a nos enxergar a partir do ponto de vista dos outros – por exemplo, pedindo feedbacks.

> Não vamos amar todo mundo, nem todo mundo vai nos amar. Mas todos podemos valorizar uns aos outros e respeitar nossa dignidade.

Mapeamento dos relacionamentos

Um dos exercícios que fazemos nos programas Dale Carnegie é chamado de Mapeamento dos Relacionamentos. A intenção é olhar para a natureza das relações que temos na vida e os papéis que desempenhamos nelas. O processo pode ser transformador. O Carnegie master Andreas Iffland conta como o processo permitiu que ele enxergasse áreas importantes em que precisava mudar.

> No treinamento, elaboramos um mapa dos relacionamentos. Enquanto o preenchia, percebi que todas as pessoas que estavam comigo eram mais ou menos forçadas a estar lá. Colegas de trabalho. Família. Comecei a me perguntar: "Quem são meus amigos?" Naquela época, eu tinha 35 anos e percebi que não tinha amigos de verdade. Em seguida, o treinador apresentou os princípios de Dale Carnegie, e comecei a perceber que eu tinha um excesso de autoconfiança. Sempre queria mostrar aos outros como era bom e como eles eram ruins, tentando tornar essa diferença a maior possível. Mas, com o

treinamento, percebi que aquilo não era vida e comecei a mudar as coisas. Passei a tratar as pessoas de outra forma, valorizando-as de verdade, me tornando mais humilde, aprendendo com os outros, me interessando por eles e admitindo erros. Eram coisas que eu nunca tinha feito. E quer saber? Funcionou. Hoje, sou um instrutor. Sou um dos mestres Carnegie. Oriento instrutores no mundo todo. Quando vi o que tinha mudado – como havia me transformado a partir das sessões de treinamento, eu soube que queria ajudar os outros. Ao longo dos anos, tive participantes difíceis no curso. No entanto, posso afirmar com sinceridade que houve apenas duas ou três pessoas que estavam em uma situação tão ruim quanto a minha. Todos são capazes de mudar. Se eu consegui, qualquer um consegue.

Como fazer um Mapa dos Relacionamentos

Quem são as pessoas em quem podemos confiar para nos dar feedback e nos ajudar a enxergar nossos pontos cegos? Uma ferramenta útil para responder a essa pergunta é o Mapa dos Relacionamentos. Para criá-lo, pegue um pedaço de papel e escreva "Eu" no centro, com um círculo ao redor. A partir dele, trace linhas que se conectem aos nomes das pessoas que desempenham os seguintes papéis na sua vida:

- Relações pessoais
- Fornecedores
- Contatos profissionais
- A quem me reporto
- Quem se reporta a mim
- Comunidade

- Pares
- Clientes

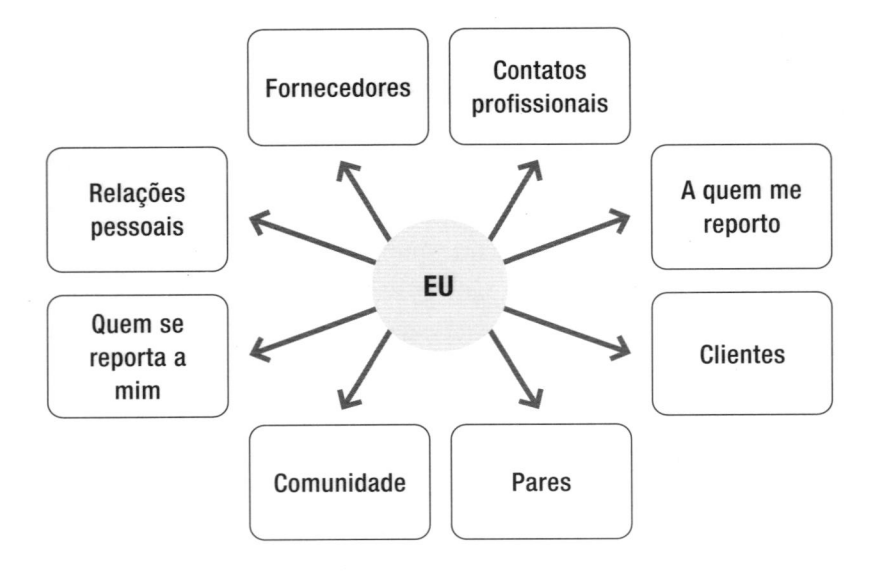

```
          Fornecedores     Contatos
                          profissionais

 Relações                               A quem me
 pessoais                                reporto
                    EU
 Quem se
 reporta a                              Clientes
   mim

          Comunidade       Pares
```

Coloque uma estrela ou um asterisco ao lado dos nomes das pessoas com quem você pode se sentir à vontade para pedir feedback. É importante escolher indivíduos que não vão falar apenas o que você quer ouvir, mas que também sejam confiáveis. Vamos usar esse conceito de Mapa dos Relacionamentos em outros exercícios ao longo do livro.

Em um capítulo mais à frente, há uma seção sobre como lidar com o feedback que você recebeu e o que fazer quando alguém nos pede para dar feedback.

O segredo do sucesso que poucos percebem

Há um "segredo" do sucesso que está por trás de tudo o que falamos neste capítulo: entusiasmo. Muitas vezes, o entusiasmo é mal interpretado como um comportamento forçado. Na verdade, é uma mentalidade que usamos para nos conectar com os outros. É quando temos um anseio sincero por nos comunicar e interagir com os outros. Quando estamos abertos ao que eles têm a dizer e animados para deixar nossos próprios obstáculos de lado e entrar no mundo do outro por um tempo. Às vezes, é claro, pode ser difícil encontrar esse entusiasmo.

Rena Parent nos indica a melhor maneira de desenvolver o entusiasmo: "Aja com entusiasmo e você ficará entusiasmado. Essas são as palavras de Dale Carnegie, que significam que você é o criador da narrativa. É um jogo ganha-ganha, o que significa que, se eu estiver entusiasmado, você também ficará."

Trecho de *The Little Recognized Secret of Success*,[2] de Dale Carnegie

O entusiasmo foi milagroso para mim

Sinto dizer que não herdei uma inteligência extraordinária dos meus antepassados, mas desenvolvi, sim, um grande entusiasmo vindo da minha mãe. O entusiasmo é importante nas vendas? Se for genuíno e sincero, é uma das forças de sucesso mais potentes em quase qualquer empreendimento.

Charles Schwab – um homem que recebia um salário de 1 milhão de dólares por ano – me disse que o segredo de seu sucesso era o entusiasmo. Ele declarou que uma pessoa pode ser bem-sucedida em quase qualquer coisa pela qual tenha um entusiasmo ilimitado.

Certa vez, entrevistei Frederick Williamson em um programa de rádio. Na época, ele era presidente da New York Central Railway. Quando perguntei qual era sua receita para o sucesso, ele disse: "Quanto mais tempo vivo, mais tenho certeza de que o entusiasmo é um segredo pouco reconhecido do sucesso. Em geral, a verdadeira diferença em habilidade, capacidade e inteligência entre quem tem sucesso e quem fracassa não é ampla nem marcante. Mas, se duas pessoas são quase iguais, a que tem entusiasmo verá que a balança pende a seu favor. E alguém com pouca habilidade, mas muito entusiasmo, muitas vezes vai superar alguém com muita habilidade, mas pouco entusiasmo."

O "ímpeto emocional" é o que conta

Certa vez, em uma discussão sobre testes de aptidão do Exército, ouvi um psicólogo famoso observar que os testes de QI têm uma deficiência relevante. Eles não medem o "ímpeto emocional". De acordo com os testes de QI, uma pessoa com pontuação baixa costuma ser classificada como adequada apenas para trabalhos braçais, ao passo que uma pontuação alta é considerada praticamente uma garantia de sucesso. Você e eu sabemos como isso é enganoso. Já vi pessoas com QI baixo "estourarem" de repente com uma nova ideia ou uma nova área de trabalho. Essas coisas dão a elas um "ímpeto emocional" que as leva a alcançar um grande sucesso. Por outro lado, já vi indivíduos com QI alto fracassarem por completo.

Quando perguntaram a Mark Twain o motivo do seu sucesso, ele respondeu: "Nasci empolgado."

William Lyon Phelps, um dos professores mais populares na história de Yale, me disse quase a mesma coisa. Phelps chegou até a escrever um livro intitulado *The Excitement of Teaching* (A empolgação de lecionar, em tradução livre). Nesse livro, ele afirma: "Para mim, ensinar é mais que uma arte ou uma profissão. É uma paixão. Amo lecionar assim como um pintor ama pintar, como um cantor ama cantar, como um poeta ama escrever. Antes de me levantar pela manhã, penso com muita alegria sobre o meu primeiro grupo de alunos. Uma das principais razões para se ter sucesso na vida é a capacidade de manter um interesse diário pelo trabalho, de ter um entusiasmo crônico, de enxergar cada dia como importante." Essa é uma das chaves para o sucesso em qualquer iniciativa.

Em uma noite de verão, estudei a capacidade de vendas de dois rapazes que posicionaram seus telescópios na 42nd Street, em frente à Biblioteca Pública de Nova York, cobrando aos transeuntes que quisessem observar o céu noturno. Um cobrava 10 centavos para dar uma olhada na Lua. O outro, que tinha um telescópio um pouco maior, cobrava 25 centavos.

O rapaz que cobrava 25 centavos por olhada estava conseguindo quatro vezes mais clientes do que aquele cujo preço era apenas dez centavos. É verdade que a visão do telescópio dele era ligeiramente melhor, mas o principal motivo para seu sucesso era a personalidade do vendedor. Ele irradiava entusiasmo e falava em observar a Lua com tanta emoção que, se necessário, alguém deixaria até de jantar para vê-la. O vendedor com o telescópio de 10 centavos não dizia nada e apenas acatava ordens. Para mim, essa experiência foi um excelente exemplo do valor do entusiasmo.

Quando Sir Edward Victor Appleton, que tinha recebido o Prêmio Nobel de Física, foi nomeado chanceler da Universidade de Edimburgo, a revista *Time* enviou um telegrama perguntando se ele tinha alguma receita para o sucesso. "Sim", respondeu Appleton, "entusiasmo. Considero esse fator mais importante até que a habilidade profissional".

O entusiasmo é o fator mais importante

Não conheço nada no mundo que dê uma vantagem maior a alguém do que o entusiasmo. Thomas A. Edison disse: "Quando uma [pessoa] morre, se ela puder legar entusiasmo a seus filhos, deixará para eles um patrimônio de valor incalculável." A experiência prova que isso é verdade. O entusiasmo é mais do que riqueza, pois ele produzirá riqueza. Não apenas riqueza, mas uma grande empolgação pela vida.

Ralph Waldo Emerson, considerado o maior filósofo americano, enxergava o valor do entusiasmo. Em um de seus ensaios, escreveu: "Todo momento grandioso e notável na história do mundo é o triunfo de algum entusiasmo."

Duas pessoas em um escritório têm exatamente o mesmo tipo de função. Uma trabalha de forma indiferente, como se estivesse entediada e ansiosa para que os ponteiros do relógio indiquem 18 horas. A outra trabalha com gosto, acha sua função empolgante e encara cada dia como uma aventura. Qual das duas você acha que fará um trabalho melhor? Qual delas sairá na frente?

Mas o entusiasmo é mais do que apenas empolgação pelo trabalho. É algo que se aplica a todas as esferas da vida. Se você o tem, possui um bem inestimável. Preze por ele.

No próximo capítulo, veremos como não apenas tolerar as diferenças, mas valorizá-las.

PONTOS PRINCIPAIS

- Os quadrantes da Janela de Johari são Aberto, Oculto, Ponto Cego e Desconhecido.
- É importante ter consciência dos nossos pontos cegos e usar a autoavaliação para identificar os desconhecidos.
- Uma das melhores formas de descobrir nossos pontos cegos é solicitar feedback dos outros.
- Não vamos amar todo mundo, nem todo mundo vai nos amar. Mas todos podemos valorizar uns aos outros e respeitar nossa dignidade.
- O Mapeamento dos Relacionamentos nos ajuda a observar a natureza das relações que temos na vida e os papéis que desempenhamos nelas.
- Ao criar um mapa dos relacionamentos, aqui estão alguns papéis a se considerar:
    - Relações pessoais
    - Fornecedores
    - Contatos profissionais
    - A quem me reporto
    - Quem se reporta a mim
    - Comunidade
    - Pares
    - Clientes
- O segredo pouco reconhecido do sucesso: entusiasmo.

"Como você precisa mudar para que as coisas mudem?"
— NIGEL ALSTON

3

Valorizando as diferenças

"Benji, volte aqui e termine seu jantar."

Ernie estava em um bom restaurante italiano com a irmã e o marido dela, chocado ao ver como ela deixava que o filho corresse pelo lugar. Quando Ernie e a irmã eram crianças, seus pais nunca os deixavam levantar da mesa durante o jantar – muito menos correr em um restaurante. Mas a irmã de Ernie também falava palavrões perto de Benji, não estabelecia um horário certo para dormir e tolerava muito mais "respostinhas" do que Ernie permitia aos seus filhos.

Na verdade, essas coisas o incomodavam muito mais do que ele deixava transparecer para a irmã. Ernie queria ser mais tolerante e talvez até entender o raciocínio dela. Mas, toda vez que pensava em tocar no assunto, desistia. Não queria começar uma briga com sua única irmã.

A roupa nova do imperador

Há uma velha parábola de Hans Christian Andersen sobre um imperador que gostava tanto de roupas novas que gastava todo o dinheiro com isso. Um dia, dois tecelões chegaram à cidade e, após ouvir quanto o imperador gastava em novas vestimentas, bolaram um plano. Eles iam convencê-lo de que tinham um fio especial que era invisível para qualquer um que fosse tolo ou inadequado para o cargo que ocupava. O imperador ficou animado para ter um traje assim e pagou aos dois uma bela quantia para tecê-lo. Dia após dia, eles se sentavam em seus teares, fingindo tecer. Por fim, apresentaram ao imperador uma roupa de mentira, supostamente feita do fio invisível. O imperador vestiu o traje e ficou muito surpreso por não enxergá-lo. Não querendo parecer tolo ou inadequado para seu cargo, foi dar um passeio no centro da cidade. "O que você acha do meu novo terno?", perguntava ele. Os habitantes da cidade ficavam chocados ao vê-lo nu, mas, não querendo desafiar o monarca, se uniam à farsa. "É lindo!", "Caiu muito bem", diziam. O imperador estava orgulhoso da lealdade de seus súditos. Foi então que uma criança escapou dos pais e correu até o soberano. "O senhor está nu!", exclamou. Logo, os cidadãos começaram a sussurrar entre si: "Ele está nu!" Mas ninguém ousava dizer isso ao imperador, que continuou caminhando, mais orgulhoso do que nunca.

Essa parábola destaca o perigo que enfrentamos quando nos cercamos de pessoas que têm medo de nos dizer a mais pura verdade, de nos desafiar ou de expressar discordâncias. Seja na política mundial ou em um pequeno grupo de amigos, é importante fazer mais do que "tolerar" as diferenças. Devemos buscá-las de forma ativa. Entrar em contato com pessoas diferentes de nós é o que impulsiona a inovação e a mudança, traz ideias e pensamentos novos, gera resultados melhores e abre possibilidades. Como diz o velho ditado: "Se nada mudar, nada muda." Se ficarmos presos às nossas próprias perspectivas e mentalidades, nunca vamos crescer. Em vez disso, adotar uma atitude de mente aberta em relação a quem é diferente de nós pode levar a conexões muito significativas que, caso contrário, talvez nunca acontecessem.

Atrito criativo

Linda Hill, professora de administração de empresas na Harvard Business School, e seus coautores, em uma pesquisa que estudava inovação em empresas como Pixar, Google e muitas outras ao redor do mundo, descobriram que "no geral, a inovação surge quando pessoas diversas colaboram para gerar um portfólio amplo de ideias que, depois, refinam e até transformam em novas ideias por meio de trocas e debates muitas vezes acalorados. Portanto, a colaboração deve envolver discordâncias exaltadas. No entanto, o atrito entre ideias conflitantes pode ser difícil de aguentar... Muitas vezes, empresas e instituições tentam desencorajar ou minimizar as diferenças, mas isso simplesmente sufoca o livre fluxo de ideias e a rica discussão de que a inovação precisa".[3]

Esse conceito é chamado de "atrito criativo". Nas palavras de Jerry Hirschberg, fundador do braço de design automotivo da Nissan nos Estados Unidos e autor de *The Creative Priority* (A prioridade criativa): "O atrito criativo reconhece as dimensões positivas da fricção, o papel necessário que ela desempenha em fazer as coisas acontecerem. Sem ela, os motores não funcionariam, uma fonte crucial de calor e eletricidade seria eliminada e o movimento relativo ao longo da superfície do planeta praticamente cessaria."

O atrito é fácil. Mas como incluir o *atrito criativo* em nossas conexões para benefício mútuo?

É mais fácil falar do que fazer

Muitas vezes, ter "a cabeça aberta para as diferenças" pode ser mais fácil no discurso do que na ação. Isso é ainda mais verdadeiro quando as diferenças são relacionadas a valores cruciais que prezamos muito. E, como vimos no último capítulo, às vezes podemos ter pontos cegos e nem mesmo saber que temos certos valores até que eles sejam levados à nossa consciência. Quantas vezes você não sabia que tinha uma opinião sobre algo até ver uma notícia ou postagem em redes sociais e reagir de forma inflamada? "Isso está errado!", você talvez tenha exclamado, ficando com raiva. "Algo assim nunca deveria acontecer." Talvez você não tivesse consciência de que se importava com o assunto até deparar com aquela notícia ou postagem.

O primeiro passo para se conectar com quem tem valores diferentes é tomar consciência dos próprios valores.

Questionário de conscientização de valores

A seguir, há uma autoavaliação que aplicamos em nossos programas de treinamento, que permite que os participantes obtenham clareza sobre como os valores com os quais foram criados ainda podem influenciá-los.

Questionário de conscientização de valores

1. Quando criança, fui criado para celebrar datas específicas relacionadas ao meu país de origem ou a crenças religiosas.
2. Como adulto, tenho orgulho da cultura na qual fui criado e das regras claras de comportamento que aprendi.
3. Minha religião exige que eu siga tradições específicas como um ato de fé.
4. Por escolha, há outras tradições religiosas que sigo a cada ano e que são importantes para mim com base em meus interesses, gênero, idade ou outros fatores.
5. A maioria dos meus colegas e conhecidos sabe pouco ou nada sobre minha origem e meus valores.

6. Acredito que as tradições religiosas e culturais que cada um segue devem ser um assunto privado.
7. Eu conheço as origens culturais e as crenças religiosas dos meus colegas de trabalho.
8. Respeito e celebro as tradições e os hábitos culturais dos membros da minha equipe.
9. Compartilho abertamente o significado das minhas próprias celebrações culturais.
10. Apenas os feriados oficiais do país deveriam ser respeitados no trabalho.
11. Acho alguns costumes, tradições e/ou práticas dos meus colegas curiosos ou ofensivos.
12. Nosso ambiente de trabalho seria mais harmonioso se todos tivéssemos os mesmos valores.

Indicadores de conscientização de valores

Se você respondeu "sim" aos itens 1-4

Isso pode indicar uma forte conexão com suas próprias tradições e seus valores culturais e religiosos. Isso pode dar a você um forte senso de propósito, guiar um comportamento ético e ser reconfortante em situações desconhecidas ou estressantes.

Por outro lado, suas experiências pessoais e fortes crenças podem fazer com que seja mais difícil considerar pontos de vista diferentes dos seus.

Se você respondeu "sim" aos itens 5-6

Isso pode indicar que você evita expressar abertamente seus próprios valores e acredita que os outros devem se comportar do mesmo jeito. Essa abordagem pode evitar conflitos e confrontos quando existirem diferenças, mas uma falta de consciência pode, na verdade, causar problemas por causa de comentários insensíveis ou comportamentos que os outros considerem inadequados.

Se você respondeu "sim" aos itens 7-9
Isso pode ser interpretado como uma demonstração de abertura para os outros e uma visão das diferenças como algo interessante, em vez de irritante. Um benefício dessa postura é que ela pode levar você a estabelecer afinidade com seus colegas.

Se você respondeu "sim" aos itens 10-12
Isso pode significar que você é um purista em relação a valores e costumes culturais. Uma das vantagens dessa perspectiva, quando adotada de maneira voluntária por todos, pode ser a promoção de um local de trabalho homogêneo. Uma possível desvantagem é a fácil alienação dos membros do grupo que têm diferenças de opinião e praticam outros estilos de vida.

Ao observar sua pontuação no "Questionário de conscientização de valores", você ficou surpreso? Concorda com os resultados ou discorda deles? Talvez você possa pedir a alguém em quem confia para lhe dar uma opinião sincera em relação aos seus resultados (ao contrário do que ocorreu com o imperador nu!) e ver se você tem algum ponto cego na sua consciência.

Exercício de valores

Outra forma de determinar seus valores é pensar nos que são mais comuns na sociedade e observar se compartilha deles. Aqui está uma lista de alguns dos valores mais comuns. Observe-a e circule os 10 que são mais importantes (sinta-se à vontade para acrescentar mais alguns à lista!).

Aceitação	Empatia	Lealdade
Agilidade	Entusiasmo	Modéstia
Alegria	Equilíbrio	Obediência
Ambição	Família	Otimismo
Amor	Fé	Ousadia
Assertividade	Felicidade	Paixão
Autocontrole	Fidelidade	Persistência
Calma	Firmeza	Poder
Castidade	Franqueza	Resiliência
Colaboração	Frugalidade	Respeito
Compaixão	Generosidade	Reverência
Confiabilidade	Gentileza	Sabedoria
Conformidade	Graciosidade	Saúde
Credibilidade	Honestidade	Serenidade
Criatividade	Humor	Tradição
Determinação	Independência	Visão
Devoção	Integridade	
Disciplina	Justiça	

Depois de listar os 10 valores que são mais relevantes para você, elimine metade deles para chegar às cinco principais coisas que você valoriza. Então, comece a perceber como os momentos importantes da sua vida (por exemplo, os que lhe proporcionaram grande felicidade ou fizeram você chorar de alegria) refletem quando esses valores estão sendo expressos. Enquanto assistia a uma competição da qual sua filha estava participando, Michael observou uma menina de 11 anos se esforçando, sem sucesso, para ultrapassar um dos obstáculos do percurso. "Por dois minutos e meio, a garotinha ficou pendurada a uma barra, sustentando seu peso com os braços e os ombros, e tentou fazer com que a barra se movesse para onde ela precisava ir. Ela tentou de tudo e não desistiu! Foi somente quando o tempo acabou que a menina enfim se soltou e caiu no tapete, arrasada. Mais tarde, eu lhe disse com sinceridade que ela teve o melhor desempenho da competição porque não desistiu! Ela tentou tudo o que podia, mas não jogou a toalha, mesmo quando várias outras meninas abandonaram esse difícil desafio para executar o restante do percurso." Essa garra se alinha com os valores de persistência e criatividade de Michael. Para ele, foi maravilhoso ver uma expressão tão completa deles.

De forma semelhante, pense em uma ocasião na qual você ficou com muita raiva das ações de alguém e perceba que isso aconteceu provavelmente porque significou uma violação de um dos seus cinco valores principais. Cam Robertson se lembra de uma vez, quando era muito jovem, em que um homem que era uma figura paterna para ele, alguém por quem tinha um respeito tremendo, usou um termo pejorativo para se referir a um grupo étnico. Sem pensar, Cam retrucou com raiva: "Essa não é uma palavra apropriada!" Depois de refletir, ele percebeu que o uso do termo tinha sido um descumprimento do "respeito", um de seus principais valores. "Se não fosse uma violação tão grande de um valor fundamental, eu teria sido mais respeitoso ao reagir àquela fala. Mas foi uma reação visceral que simplesmente escapou."

O valor dos valores

Afinal, por que devemos ligar para os valores? Eles não são apenas estruturas internas para entender a vida? O valor dos valores está em como eles guiam nosso comportamento. Pense no valor da generosidade, por exemplo. O autor Daniel Russell fala sobre como a "generosidade" pode ser diferente em circunstâncias distintas.[4]

"Às vezes ajudar significa dar um pouco, outras vezes significa dar muito; às vezes significa dar dinheiro, em outras significa ceder tempo ou apenas um ombro amigo; às vezes significa dar conselhos, outras vezes significa cuidar da própria vida; e qual desses significados é válido em cada caso depende de fatores tão diferentes quanto a relação com o amigo em questão, o que sou realmente capaz de oferecer, por que e com que frequência esse amigo tem problemas desse tipo e assim por diante."

Portanto, embora possamos acreditar que temos certos valores, a forma como os expressamos depende muito do contexto. O mais importante é que nossos valores são significativos para nós. Em geral, não conseguimos identificar de onde vieram, mas eles regem nosso comportamento e nossas interações com os outros. E, assim como nossos valores são importantes para nós, as ações das outras pessoas são relevantes para elas próprias. O que significa que temos duas escolhas. Podemos considerá-las "erradas" ou respeitar o fato de que os valores das pessoas são reais para elas e procurar entender que elas vão segui-los (mesmo que não necessariamente passemos a segui-los também).

Tipos de valores

Os valores podem ser categorizados de várias formas. Aqueles com os quais somos familiarizados incluem:

- Pessoais
- Religiosos
- Sociais
- Familiares
- Organizacionais

Quando observamos essa lista, percebemos que, na verdade, cada item é um contexto dentro do qual expressamos valores. Algo que é bem-visto em uma família (por exemplo, devoção) pode não ser aceito em um local de trabalho, por exemplo.

Um jeito menos óbvio de encarar os valores é pensar neles de acordo com a forma como os expressamos. Isso inclui:

1. Coisas que temos (por exemplo, um relógio chique, o carro que dirigimos, obras de arte ou objetos de decoração).
2. Coisas que fazemos (por exemplo, o trabalho ou hobbies).
3. Quem somos (como agimos sob pressão).
4. Quem admiramos e respeitamos (por exemplo, nossos heróis ou mentores).
5. Em quem confiamos (por exemplo, as pessoas em nosso círculo íntimo).

Embora os itens no topo da lista sejam mais fáceis de enxergar, são aqueles que estão mais para o final que refletem com mais precisão quem a pessoa é de fato.

Podemos descobrir muitas informações a respeito de alguém (e os outros podem descobrir muito sobre nós) observando essas coisas. Se houver um descompasso entre o que uma pessoa diz e faz, pode ser difícil se conectar com ela. Certa vez, Emerson escreveu: "O que você é (...) troveja de modo que eu não consigo ouvir o que você diz em contradição." Em outras palavras, suas ações têm mais impacto do que suas palavras.

Usando a Janela de Johari, também podemos entender que existem algumas diferenças visíveis (como idade, cor da pele, gênero, altura, peso, etc.) e outras invisíveis. Em geral, essas últimas são diferenças de valores, como religião, país de origem, afiliação política, orientação sexual e outras características relacionadas à identidade.

Respeito é bom e eu gosto

Como podemos nos aproximar de alguém com valores fundamentais diferentes dos nossos? O esquema abaixo ilustra o método que podemos usar para aproveitar ao máximo nossas diferenças.

No exemplo com Ernie, ele tinha um conjunto de valores a respeito da criação dos filhos diferente do da irmã. Quando enfim Ernie a abordou para conversar sobre isso, ficou surpreso ao saber que os valores dos dois não eram tão distintos quanto ele pensava. Ao procurar entender o papel dela como uma mãe solo que teve que "escolher quais batalhas travar" na criação de Benji, Ernie conseguiu adotar uma nova perspectiva em relação às coisas que vinha julgando.

RESPEITO:
Aproveite ao máximo as diferenças

- **R**) Relacione-se com as semelhanças
- **E**) Explore as diferenças
- **S**) Saiba compreender
- **P**) Promova a inclusão
- **E**) Entregue-se a uma nova forma de pensar
- **I**) Celebre a Individualidade
- **To**) Tome conhecimento das possibilidades

O instrutor master Tom Mangan tem alguns bons conselhos sobre como respeitar as diferenças do outro.

"Antes de trabalhar com Dale Carnegie, fiz parte do Corpo de Fuzileiros Navais dos Estados Unidos por 22 anos e meio. Quando digo isso, as pessoas ficam surpresas. Pensando bem, aonde quer que você vá, os indivíduos lidam com as mesmas questões, os mesmos desafios. Podemos usar roupas diferentes e empregar uma terminologia diferente, mas, na essência, estamos fazendo a mesma coisa. É importante entender esse aspecto ao lidar com as pessoas. O ideal é que seja fácil para os outros se conectarem conosco. Como? Tendo conversas horizontais, e não verticais."

Falaremos mais sobre a natureza das conversas em um capítulo mais à frente, mas o argumento dado por Tom é interessante. Qualquer que seja a origem, a experiência ou a personalidade, todos estão lidando basicamente com os mesmos problemas e desafios. Podemos usar as ferramentas criadas por Dale Carnegie para superar qualquer divergência aparente e chegar à semelhança. É claro que nem sempre é fácil, mas, quando nos esforçamos para respeitar e valorizar as diferenças (em vez de julgá-las como erradas), criamos a oportunidade de "atrito criativo", o que pode gerar conexão, inovação, novas possibilidades e resultados melhores.

Dê o primeiro passo

Nosso desafio é preencher a lacuna entre "saber" que as diferenças são valiosas e "fazer" algo a respeito. Portanto, pense em alguém no seu bairro, no trabalho, no clube ou na igreja que seja diferente de você. Da próxima vez que vir essa pessoa, em vez de se abrigar na segurança dos amigos de sempre, converse com ela para entender quem ela é e o que considera importante. Abordaremos como fazer isso no capítulo 5.

Neste capítulo, falamos sobre como é essencial fazer contato e interagir de fato com pessoas que têm valores diferentes dos nossos. Fazer isso nos abre para novas formas de pensamento e conexão. Mesmo que não concordemos com o que o outro diz ou faz, é importante manter a cabeça aberta para a riqueza que vem da aceitação das diferenças.

No próximo capítulo, vamos falar sobre como nossas crenças moldam o que vemos e aprender que ver não é necessariamente acreditar, e que, às vezes, acreditar é ver.

PONTOS PRINCIPAIS

- Buscar contato com pessoas diferentes de nós impulsiona a inovação, traz resultados melhores, abre possibilidades, etc.
- Ter a mente aberta é fundamental para criar conexões.
- O atrito criativo é um fator crucial da inovação.
- Tipos de valores:
    - Pessoal, religioso, social, familiar, organizacional.
    - Tenho, faço, sou, admiro, respeito, confio.
- Tipos de diferenças:
    - Diferenças visíveis: "O que as pessoas veem."
    - Diferenças invisíveis: "Quem as pessoas são."
- A sigla R.E.S.P.E.I.To nos ajuda a incluir pessoas que não são como nós. Significa Relacionar-se com as semelhanças, Explorar as diferenças, Saber compreender, Promover a inclusão, Entregar-se a uma nova forma de pensar, Celebrar a individualidade e Tomar conhecimento das possibilidades.

4

Enquadramentos, filtros e como eles atrapalham

O dia de Ernie estava bem ruim. Ele tinha perdido uma venda que considerava certa e estava se culpando por isso o dia todo. Os possíveis motivos para ter estragado o negócio não saíam da cabeça dele. "Sou um péssimo vendedor." "Ele nunca vai querer comprar de mim no futuro porque não fechei a venda hoje." "O produto do concorrente é melhor."

Ao entrar na garagem de casa, seu humor ia de mal a pior. "Será que existe algum outro jeito de encarar isso?", pensou Ernie.

Quem nunca perdeu uma venda, foi rejeitado para uma vaga de emprego ou em um encontro romântico ou, de alguma forma, não conseguiu o que queria? É da natureza humana levar essas coisas para o lado pessoal. Mas, como já aprendemos neste livro, muito do que pensamos ser sobre nós simplesmente não é. Quando estamos tentando estabelecer uma conexão com alguém (ou com uma situação) e somos rejeitados, o conceito de enquadramentos e filtros pode nos ajudar a ter um entendimento melhor da situação.

Enquadramentos

A ideia de enquadramentos existe há muito tempo. Em 1955, o pesquisador Gregory Bateson afirmou que declarações "não têm um sentido intrínseco, apenas o adquirem em um enquadramento constituído por contexto e estilo".

Em outras palavras, se alguém diz "Os Los Angeles Rams ganharam o Superbowl", a declaração não tem qualquer significado até que o indivíduo que está ouvindo a enquadre. Onde fica Los Angeles? O que é um "Ram"? O que é um "Superbowl"? O que significa "ganhar"?

Se a pessoa não tiver familiaridade com futebol americano, essas serão apenas palavras aleatórias, e a declaração não terá qualquer significado. Se, por outro lado, uma criança dos Estados Unidos observa a mãe torcendo por um time de futebol americano, ela desenvolve um enquadramento para o que esse esporte significa. E se quando crescer encontrar alguém de outra cultura, que foi criado pensando em "futebol" como um esporte que se joga com a bola nos pés, é provável que se desenrole uma conversa bem confusa.

Em outras palavras, nosso "enquadramento" é uma compreensão ampla de um tema ou uma situação. É como a lente de uma câmera, que capta certas coisas e deixa outras de fora. Só ouvimos ou recebemos aquilo que atravessa nossos enquadramentos, que, por sua vez, são influenciados por nosso gênero, nossa educação, nossa relação com os outros, nossas suposições, nossos objetivos, nosso senso de eficácia, etc. Todas as experiências que temos no mundo, o que aprendemos e observamos, levam a enquadramentos.

Mas acontece que, muitas vezes, nosso enquadramento de uma situação é inconsciente, o que significa que nem sempre temos consciência de como nossas experiências estão moldando nossas percepções. Quando criança, Aubrey Percy declarou que o Wonderland Motel em Ithaca, no estado de Nova York, era o melhor local para se hospedar no mundo! Agora que cresceu e tem um filho, ela percebe que o lugar só era incrível porque tinha uma piscina aquecida. Não havia muito mais lá que pudesse ser descrito de tal forma. O filho dela não ficaria animado com a perspectiva de se hospedar naquele hotel barato e simples, porque "quando viajamos, temos a sorte de ficar em lugares mais sofisticados porque tenho muitos pontos de hospedagem das minhas viagens de negócios". O enquadramento do filho de Aubrey tem como referência hotéis de três ou quatro estrelas, enquanto ela, na idade dele, tinha como quadro de referência hotéis de beira de estrada com uma ou duas estrelas, porque seus pais tinham um orçamento apertado e não acumulavam pontos de hospedagem para usar.

A influência dos enquadramentos

Nossas experiências influenciam como interpretamos os acontecimentos. Um feixe de luz cruza o céu, e o enquadramento das pessoas determina o que as pessoas acreditam ser a causa daquele acontecimento. Algumas pensam que se trata de um óvni e que o governo está ocultando as provas. Outras creem que é um sinal de Deus de que o apocalipse está próximo. Outras veem um evento científico, em que um meteoro gasoso entrou na atmosfera. Em cada caso, o enquadramento das pessoas influencia suas crenças e formas de interpretar o que ocorreu.

Se for um feriado com tradição de fogos de artifício, isso muda a explicação do feixe de luz?

Com que frequência você ouve algo, supõe de modo automático que aquilo significa uma coisa e, depois, recebe outras informações que mudam completamente seu enquadramento? Um exemplo pode ser receber uma mensagem do seu chefe dizendo "Ligue para mim assim que possível". Dependendo do seu enquadramento, você pode supor que está em apuros e prestes a ser demitido. Mas então você lembra que acabou de conquistar um cliente importante que rendeu bastante dinheiro à empresa. Isso talvez mude seu enquadramento e faça você presumir que seu chefe lhe dará um aumento ou um bônus.

Harold e sua equipe estavam em uma reunião em que a CEO estava discutindo o desempenho financeiro da empresa naquele ano. No final da reunião, a mulher abriu espaço para perguntas. Ninguém se manifestou. Então, ela chamou Harold e disse:

– Você com certeza tem alguma pergunta.

Harold indagou por que as metas eram tão ousadas a ponto de a empresa não tê-las alcançado. A CEO respondeu:

– Ótima pergunta. Levei essa mesma questão à equipe executiva...

Em seguida, ela deu a melhor explicação que poderia. Na saída da reunião, vários colegas de Harold lhe agradeceram por ter feito a pergunta. Sentindo-se bem, ele estava sentado no escritório quando seu chefe entrou, fechou a porta e disse, de forma agressiva, para ele "nunca mais fazer questionamentos assim! Isso envergonha os seus superiores e deixa a equipe dela com raiva". Mais tarde, Harold pediu desculpas à CEO, que pareceu confusa, disse que não havia motivo para se desculpar e agradeceu mais uma vez pela pergunta.

Claramente, havia diferentes enquadramentos em ação nessa situação. A CEO queria uma pergunta séria para envolver os funcionários. Harold estava curioso sobre as metas. O chefe de Harold estava ou envergonhado, ou tentando impedir que ele se metesse em uma enrascada. Os colegas apreciaram a coragem de Harold. Qual enquadramento era o correto? Dica: se o enquadramento for o seu, ele está correto.

Aqui está um exercício que incluímos em outro livro desta série, *Escute!*. Qual é a primeira interpretação que surge na sua cabeça ao ouvir as seguintes frases?

"Você já comeu?"
"Ah, que pena que você não gostou do filme..."
"Onde você quer jantar?"

Aqui vão alguns enquadramentos diferentes para a interpretação das frases:

"Você já comeu?"
Essa pergunta pode ser interpretada como um convite para fazer uma refeição ("Então venha jantar comigo!"), uma crítica sobre hábitos alimentares ("São três da tarde!") ou uma dúvida real sobre a refeição da pessoa.

"Ah, que pena que você não gostou do filme..."
Essa declaração pode ser interpretada como um pedido de desculpas por ter escolhido um filme do qual a pessoa não gostou ("Eu não devia ter obrigado você a assistir a uma comédia romântica"), um comentário hostil sobre o gosto da pessoa para filmes ("Você nunca gosta das mesmas coisas que eu") ou um reconhecimento neutro de que a outra pessoa não gostou do filme.

"Onde você quer jantar?"
Essa pergunta é um clássico para começar brigas em muitas relações. Ela pode ser interpretada como "Diga onde você quer jantar e iremos lá" ou pode ser enquadrada como uma armadilha, caso o receptor responda e o emissor não goste da sua escolha. "Que tal o Ned's?" "A gente foi ao Ned's ontem!" Ou também pode ser interpretada como o início de um diálogo.

Nesses três exemplos, é fácil ver como o enquadramento influencia o modo como a pessoa ouve as palavras de outra – e reage a elas. Também é simples observar como as diferentes variáveis – gênero, educação, relação e histórico com a outra pessoa, etc. – influenciam esse tipo de situação.

Se você tiver um relacionamento conflituoso com sua mãe e ela perguntar "Você já comeu?", é mais provável que interprete essa declaração como crítica. Se seu parceiro romântico indagar "Você já comeu?", você provavelmente verá a pergunta como um convite para uma refeição juntos. Mesmas palavras, interpretações totalmente diferentes.

Se você tiver experiências recorrentes com alguém, isso tende a criar um enquadramento através do qual você passa a enxergar TODAS as suas interações com aquela pessoa. Acontece que, às vezes, nem percebemos que estamos fazendo isso.

Filtros

A boa notícia nisso tudo é que não estamos fadados a sempre seguir nossos enquadramentos – muitas vezes inconscientes – e agir repetidamente com base nas informações que eles nos dão. Temos uma escolha, e ela vem dos nossos filtros.

Enquanto um enquadramento é uma "visão geral" de uma situação, um filtro é uma escolha consciente de se concentrar mais em uma coisa do que em outra. Usando nosso exemplo fotográfico, o enquadramento é o que a lente da câmera vê. O filtro é no que ela decide focar – quais áreas ficam nítidas e quais ficam embaçadas? Quais áreas ficam claras e quais aparecem escurecidas? Cam Robertson mostrou à esposa uma belíssima foto de uma praia em Phuket, comentando: "Uau! Que deslumbrante!" A esposa, Susan, reparou na mulher atraente de biquíni no canto inferior da fotografia, não notou a paisagem e presumiu que Cam estava olhando para a mulher seminua. Então Cam se viu em apuros.

Nossos filtros são o modo pelo qual podemos mudar como

recebemos o que alguém está dizendo. É importante ressaltar que um filtro não é algo bom ou ruim. É apenas um jeito de lidar com todas as informações que chegam à mente. Há tantos milhões de dados vindo em nossa direção o tempo todo que, para evitar a sobrecarga, o cérebro decide o que é mais importante naquele momento.

A escolha de identificar nossos próprios filtros e os filtros dos outros exige certo nível de controle sobre nossas emoções enquanto ouvimos a outra pessoa falar. É fácil escutar alguém que tem o mesmo enquadramento que nós e que usa filtros iguais aos nossos. É bem mais difícil conversar com uma pessoa que enxerga o mundo de maneira completamente diferente da nossa.

Johari e eu

O modelo da Janela de Johari pode nos ajudar a entender que há alguns enquadramentos que conseguimos enxergar e que as pessoas também veem; outros que vemos, mas que mantemos em segredo; outros que são nossos pontos cegos; e outros que são completamente desconhecidos. As coisas ficam ainda mais complicadas quando levamos em conta o fato de que outras pessoas têm seus próprios filtros e enquadramentos a respeito de nós.

Grace Dagres conta uma história sobre como uma mulher deu outro enquadramento à sua experiência:

> Uma mulher no nosso treinamento era dona de casa havia 20 anos. Ela obteve financiamento para voltar a estudar a fim de conseguir um emprego e uma carreira, e então participou de um dos nossos programas de Comunicação e Relações Humanas Eficazes. Ela me disse: "Não tenho nada para contar na aula, Grace, porque sou apenas uma mãe há 20 anos." Todos

os outros participantes do programa tinham formações e empregos diferentes. Eu disse a ela: "Sabe de uma coisa? É provável que você tenha as histórias mais incríveis sobre resiliência e empatia, porque há 20 anos é uma mãe solo que tenta tornar o mundo melhor para os três filhos." Ela ficou com os olhos marejados e disse: "Ninguém nunca me falou isso. Ninguém nunca reconheceu meu esforço de mãe como a atuação de uma líder, porque tive que liderar a mim mesma todo dia." Ela chegou morrendo de medo de fazer o curso, mas conseguiu mudar seu enquadramento e ver que tinha uma contribuição valiosa a oferecer. Isso a fez reenquadrar toda a sua história de vida.

Por que Ernie perdeu a venda – suposições

No exemplo do início do capítulo, como Ernie poderia enquadrar a perda da venda? É importante que ele observe de forma consciente o enquadramento que tem para a rejeição em uma venda e qual filtro utiliza quando algo assim acontece. Então, ele poderá trocar o filtro por um que o permita passar pela rejeição de maneira diferente.

Podemos usar o conceito de suposições para mudar nosso enquadramento. Por exemplo, quais são algumas das suposições que as pessoas fazem a respeito da rejeição? Qual é a suposição contrária? Em que circunstâncias a suposição contrária seria verdadeira?

1. Perdi a venda porque sou um vendedor ruim.
Contrário: Não perdi a venda porque sou um vendedor ruim.

Em que circunstâncias isso seria verdade? "Talvez eu não seja um vendedor ruim. Talvez o cliente simplesmente não precisasse do produto no momento."

2. O cliente comprou da empresa concorrente porque o produto dela é superior.
Contrário: Ele não comprou da concorrência porque o produto dela é superior.

Em que circunstâncias isso seria verdade? "Talvez a concorrência não tenha um produto superior, mas tenha atendido alguma das outras necessidades do cliente. Qual poderia ser?"

3. Agora que perdi a venda, o cliente vai me rejeitar sempre.
Contrário: Agora que perdi a venda, o cliente não vai me rejeitar sempre.

Em que circunstâncias isso seria verdade? "Talvez em algum momento o cliente perceba que nosso produto realmente o ajudará. O que posso fazer para deixar a porta aberta?"

Ao identificar as suposições que faz sobre a rejeição (nesse caso, a rejeição em uma venda, mas a ideia vale para qualquer tipo de rejeição), você pode trocar o filtro de "Não consigo lidar com a rejeição" para "Não é nada pessoal, então não ligo".

Bob Eckert e Debbie Allen estavam ensinando o conceito de reenquadrar a visão dos acontecimentos quando uma integrante da turma bateu a mão na mesa, se levantou e proclamou em voz alta, com um tom de surpresa: "Acabei de perceber que meu divórcio não foi culpa só daquele filho da ----!" Esse pode ser um ótimo exemplo do princípio 17 de Dale Carnegie: "Faça um esforço sincero para enxergar as coisas da perspectiva do outro." Para a mulher naquela aula, talvez isso tenha sido difícil, mas significou uma reviravolta em como ela enxergava a si própria e a situação.

Enquadramentos e amigos

Então como podemos usar os princípios de Dale Carnegie para descascar as camadas de enquadramentos e filtros e criar a oportunidade de colaborar com aqueles que são diferentes de nós? As respostas estão no desenvolvimento do primeiro conjunto de princípios, no qual trabalhamos para nos tornar pessoas mais amigáveis, e, então, nos esforçamos a fim de adquirir cooperação para:

Criar um ambiente positivo usando estes princípios:
10. A única forma de ganhar uma discussão é evitando-a.
11. Mostre respeito pelas opiniões do outro. Nunca diga: "Você está errado."
12. Se você estiver errado, admita de maneira rápida e enfática.

Envolver a outra pessoa em um espírito genuíno de cooperação usando estes princípios:
13. Comece de modo amigável.
14. Faça o outro dizer "sim, sim" imediatamente.
15. Deixe o outro falar por boa parte do tempo.

Desenvolver uma compreensão da perspectiva da outra pessoa usando estes princípios:
16. Deixe o outro achar que a ideia é dele.
17. Faça um esforço sincero para enxergar as coisas da perspectiva do outro.
18. Demonstre simpatia pelos desejos e ideias do outro.

Empoderar a outra pessoa usando estes princípios:
19. Apele às motivações nobres do outro.
20. Dramatize suas ideias.
21. Lance um desafio.

Os seis primeiros princípios tornam possível ter uma conversa na qual poderemos envolver a outra pessoa para fazer perguntas com curiosidade genuína e ter a mente aberta para determinar qual é o enquadramento dela. Entre nesse enquadramento, usando o filtro de ser franco e ter empatia com o ponto de vista da pessoa, mesmo que essa perspectiva não se adéque ao seu sistema de valores. Seja amigável e aberto e tenha respeito pelos outros, porque, assim como você, eles desenvolveram enquadramentos a partir das próprias experiências de vida. Sua tarefa não é avaliar se esses enquadramentos estão certos ou errados, se são bons ou ruins. Seu trabalho é buscar entender de verdade o filtro das outras pessoas, o que permitirá que você se conecte melhor com elas.

Kelly, uma praticante de mountain bike de longa data e alguém que se esforçava para preservar as trilhas de sua região, tinha desdém pelas bicicletas elétricas que estavam começando a aparecer com regularidade nas trilhas. Ela não gostava de ver que tinha que trabalhar duro para atingir o cume de trilhas íngremes e esburacadas, enquanto pessoas menos comprometidas conseguiam subir a encosta com muito menos esforço. Somente quando um de seus amigos ofereceu a Kelly a chance de testar a bicicleta elétrica dele foi que a mulher percebeu o motivo de tamanha popularidade. Ela deu uma voltinha e retornou sorrindo.

– O que você achou? – perguntou o amigo.

– Uau, é incrível! – disse Kelly.

– Você vai querer comprar uma? – indagou o amigo.

– Bem, elas são rápidas e divertidas – reconheceu Kelly. – Mas gosto do desafio físico de ter que ralar para chegar ao topo da montanha. É por isso que pratico esse esporte. Não vou comprar uma bicicleta elétrica, mas agora entendo por que as pessoas gostam delas!

Agora que completamos a Parte 1, na Parte 2 vamos olhar para além de nossa própria Consciência e Mentalidade e focar nas relações com os outros.

PONTOS PRINCIPAIS

- Um enquadramento é um entendimento de um assunto em linhas gerais. Nossos enquadramentos são influenciados por nossas experiências, e esse processo costuma ser inconsciente.
- Um filtro é uma escolha consciente de se concentrar mais em uma coisa do que em outra. Nossos filtros são a maneira de mudar a forma como recebemos o que alguém está dizendo.
- Como as pessoas nos veem: o que fazemos, nossa aparência, o que dizemos, como o dizemos, tudo é influenciado pelos nossos enquadramentos e filtros.
- Um jeito de mudar nossos enquadramentos e filtros é identificar conscientemente nossas suposições e, em seguida, invertê-las. "Sob que condição isso seria verdade?"
- Podemos usar os princípios de Dale Carnegie para descascar as camadas de enquadramentos e filtros e criar a oportunidade de colaborar com aqueles que são diferentes de nós.
- Para se conectar com pessoas que têm um enquadramento diferente, entre no mundo delas e mantenha a mente aberta.

"Se você puder escolher obter apenas uma coisa após a leitura deste livro, que seja uma tendência maior a sempre pensar no ponto de vista da outra pessoa e a ver as coisas do ângulo dela, assim como do seu. Se esse for o único aprendizado que você obtiver a partir deste livro, ele pode facilmente se mostrar um dos trampolins da sua carreira."
– Rebecca Collier

PARTE DOIS

A competência e a criação de conexões

As ações parecem seguir os sentimentos, mas, na verdade, temos mais controle sobre as ações.

Para se conectar com os outros, temos que saber o que fazer. Afinal, a conexão não é um esporte individual. Ela não surge do nada quando estamos sentados sozinhos. Como podemos aprender a iniciar e cultivar relações? Qual é o papel da confiança na conexão e como podemos restabelecê-la se ela tiver se quebrado? O conflito é necessariamente o fim de uma conexão? Qual é a diferença entre escutar com empatia e apenas "escutar"? E como podemos criar relações significativas no ambiente virtual? A Parte 2 nos dá as respostas para essas e muitas outras perguntas, além de sugestões e dicas para construir conexões que tragam valor à nossa vida.

5

Iniciando e cultivando relações

Ernie estava nervoso. Um amigo que não via fazia 10 anos tinha telefonado e queria que ele se encontrasse com um grupo de pessoas no Museu Getty, em Los Angeles. Embora fossem amigos havia cerca de uma década, Ernie não via Neil havia muito tempo – desde a época em que eram colegas de quarto na faculdade. Mas Ernie também tinha prometido a si mesmo que aquele seria o ano em que ele ia procurar entrar em contato com outras pessoas e fazer novos amigos. E nada melhor do que se reconectar com alguém que ele já conhecia, certo? Apesar de sua abertura num primeiro momento, na véspera do encontro, tudo o que Ernie queria era cancelar e ficar em sua zona de conforto.

Relacionamentos dão trabalho

Quer estejamos buscando fazer novos amigos, expandir nossa rede de contatos de trabalho ou estabelecer conexões com clientes, iniciar e cultivar relacionamentos não acontece em um passe de mágica. Exige esforço consciente. Não podemos simplesmente ir a uma loja e comprar um novo amigo. Mesmo quando temos um círculo de conexões, precisamos trabalhar duro para manter essas relações. Jeff Shimer explica essa questão da seguinte forma:

> É muito fácil deixar nossos relacionamentos de lado quando nos mudamos. Sabe como é, vocês não se veem com tanta frequência, e o que quer que tenha conectado vocês de início não existe mais. É preciso se esforçar para manter essas relações, mas a recompensa pode ser gigantesca.
>
> Em 1984, tive seis padrinhos de casamento, todos muito importantes para mim. Um deles era meu melhor amigo no ensino médio. Outro era um grande amigo da escola, e os demais eram pessoas que conheci durante os anos de universidade, um colega de quarto da faculdade, um cara que conheci no escotismo. Fico feliz em dizer isto: ainda sou amigo próximo de boa parte dessas pessoas. Mantemos nossa conexão por meio das redes sociais, que têm sido realmente ótimas em fazer com que eu me sinta mais envolvido na vida dos meus amigos e vice-versa. Mas aquela mensagem "Ei, vamos nos encontrar" ainda é importante. Então, no verão passado, eu estava comemorando meu aniversário de 60 anos e decidi levar meus filhos e algumas outras pessoas em uma viagem de fim de semana a Nova Orleans. Avisei na página do Facebook da minha turma de ensino médio e imaginei que talvez uma pessoa ou outra quisesse ir.
>
> Um amigo meu que mora em Dallas e que estava no meu casamento (um daqueles amigos próximos do ensino médio) disse: "Opa, estaremos lá." E então ele e a esposa apareceram e, bem, não sei o que estávamos esperando, mas naquele final de semana passou um furacão. Acabamos ficando presos – 14 pessoas! Minhas duas filhas de 22 anos acharam muito divertido, e eu acabei gastando um trilhão de pontos de hotel em uma suíte no centro da cidade, onde ficamos presos por quatro dias sem energia elétrica ou ar-condicionado. Tínhamos um baralho e

alguns suprimentos. Em algum momento, porém, precisávamos sair, mas não havia gasolina nem carros para alugar. Simplesmente não havia como deixar a cidade. Bem, meus amigos de Dallas tinham ido para a minha festa, ficado apenas uma noite e partido imediatamente na manhã seguinte. Eles me ligaram e disseram: "Você precisa sair da cidade. Tenho uma casa de férias em Destin, na Flórida, que você pode usar." Esse meu amigo encheu um SUV enorme com suprimentos de emergência e dirigiu de Dallas a Nova Orleans para nos buscar (não é uma viagem curta, leva cerca de oito horas). Ele tirou folga do trabalho para nos buscar e nos levar para a Flórida (mais quatro horas). Nos ajudou a alugar um carro e nos hospedou na casa dele. Foi impressionante. Construí um relacionamento de uma vida toda com um amigo que está disposto não apenas a comemorar com você, mas também a resgatá-lo quando necessário.

Parte de se conectar é determinar e realmente definir uma intenção e uma visão de que aquela será uma relação de longo prazo e, em seguida, adaptar o que você precisa fazer para que o relacionamento funcione.

Iniciando uma conversa

Então, como você pode ir do primeiro contato com um completo desconhecido à conexão com um tipo de amigo que vai resgatá-lo em um furacão? Tudo começa com uma conversa.

Muitas pessoas não sabem muito bem como iniciar uma conversa. Ninguém nos ensina isso. Simplesmente conhecemos alguém e começamos a falar sobre nós mesmos ou sobre o tempo. Uma técnica que ensinamos é chamada de Elos de Conversa. A ideia é ligarmos os assuntos na nossa cabeça.

"Elos" para iniciar uma conversa:

- Placa de identificação
- Casa
- Família reunida para jantar
- Luva de trabalho
- Viagem aérea
- Raquete de tênis
- Lâmpadas

Imagine que você está caminhando até a porta da frente de uma casa. Nessa porta, há uma grande placa de identificação em latão com letras gravadas. Você consegue visualizá-la? Essa é a porta de uma linda casa. É a casa dos seus sonhos, com a cor, as janelas e o estilo de que gosta. Ao olhar pela janela da frente, você vê uma família muito parecida com a sua se sentando à mesa para comer sua refeição preferida. Certifique-se de visualizar a família na sua cabeça. Quando observa a porta da frente, você vê uma luva de trabalho na maçaneta. Ela é de couro marrom e parece muito bem-feita. Sim, uma luva de trabalho na maçaneta. Simplesmente parada lá. Crie uma imagem disso na sua mente.

Agora, ao olhar para cima, você vê um avião de cores vivas passando. Você consegue enxergar o interior dele e observar que as pessoas estão sorrindo e aproveitando o voo. Parece divertido, né? Estranhamente, na janela da cabine, você consegue ver que o piloto está segurando uma raquete de tênis. Sim, segurando uma raquete de tênis para fora da janela! É uma cena incomum, mas faz você sorrir. Ainda mais quando você percebe que, com a raquete de tênis, o piloto está batendo em lâmpadas que surgem no céu. Lâmpadas! Que coisa! Você já viu algo assim antes?

Tomara que você tenha formado todas essas imagens na sua mente.

Agora, leia os dois parágrafos acima mais uma vez e crie uma imagem mental vívida dessa cena – que, admitamos, é estranha. Certifique-se de visualizá-la de forma nítida para poder se lembrar dela depois.

Demos a você uma imagem da qual é fácil se lembrar porque ela está vinculada à lista anterior, que representa os principais tópicos de conversa úteis que você pode levantar para se conectar com alguém novo ao iniciar uma conversa interessante para as duas partes.

A técnica dos "elos" se baseia na ideia de que a nossa memória funciona por meio de imagens e que, quanto mais exagerada a imagem, mais nos lembramos dela. Unir imagens nos ajuda a lembrar até de itens que não têm relação uns com os outros. As melhores perguntas permitem uma resposta longa, e ser um bom ouvinte é fundamental para construir e fortalecer relacionamentos. Aqui estão alguns exemplos.

A placa de identificação representa:

- Como você se chama? É um apelido? Sempre chamaram você assim?
- Qual é a origem do seu nome?
- Como se escreve?
- Seu nome é uma homenagem a alguém? O que você sabe sobre essa pessoa?

A casa leva a estas perguntas para iniciar uma conversa:

- Onde você mora?
- O que o levou a morar lá?

- Há quanto tempo você mora lá? Que mudanças percebeu nesse período?
- Por que você gosta de morar lá?
- Onde você morava antes? O que lhe dá saudade desse lugar?

A família se sentando para comer leva a estas perguntas:

- Conte sobre a sua família.
- Que atividades você gosta de fazer em família? Que tradições faz questão de seguir? Do que você mais gosta nelas? Como elas mantêm vocês conectados?
- (Observação: Você deve evitar fazer perguntas que podem ser consideradas desconfortáveis. Por exemplo: "Você é casado?" ou "Você tem filhos?")

A luva de couro marrom representa estas perguntas:

- Onde você trabalha?
- Conte sobre o seu trabalho.
- Do que você mais/menos gosta no seu trabalho?
- Como começou a trabalhar lá?
- O que fez você se interessar por essa profissão?
- Se você não estivesse nessa empresa, o que estaria fazendo? (Para muitos de nós, o trabalho é a área mais confortável de se discutir.)

O avião de cores vivas leva a estas perguntas:

- Você gosta de viajar? Qual foi o lugar que você mais gostou de conhecer até hoje?
- Você viaja a trabalho? Já esteve em algum lugar aonde nunca pensou que iria?

- Para onde você gostaria de viajar? Qual é o destino dos seus sonhos?
- Onde você passou as férias?
- O que você está planejando fazer nas próximas férias?

A raquete de tênis que o piloto está segurando para fora da janela se refere a estas perguntas:

- Quais são os seus hobbies? Do que você gosta neles? Por que são interessantes para você?
- Que atividades você pratica quando não está trabalhando? O que faz você gostar disso?
- O que você gosta de fazer para se divertir? Pode me contar mais sobre isso?
- Como você começou a praticar esse hobby?

As lâmpadas que surgem no ar representam ideias, que você pode abordar com estas perguntas:

- Faça algumas perguntas com base em acontecimentos atuais (locais, regionais, nacionais ou internacionais).
- Faça algumas perguntas sobre ideias com base no que está acontecendo ao seu redor (por exemplo, um evento de networking, um evento social, um evento de trabalho).

Se existia alguém que precisava dessa abordagem no início da carreira, era Jonathan Vehar. Quando ele se candidatou ao seu segundo emprego, sua possível nova chefe, Lisa Hamilton, o levou para almoçar. A entrevista correu bem, e Lisa se interessou pelas habilidades de Jonathan relacionadas ao trabalho, mas comentou com o recrutador: "Ele não falou nada durante o almoço!" O que ela quis dizer foi que Jonathan não tinha feito perguntas e havia se comportado como a pessoa introvertida que de fato ele é. Sim, Jonathan embarcou nas conversas que Lisa puxou, mas ele conta: "Eu não sabia sobre o que falar. Fiz todas as perguntas que tinha sobre o trabalho, as pessoas e a empresa e não sabia mais o que dizer!" Para a entrevista seguinte, ele preparou várias perguntas (depois de muita insistência do recrutador) e conseguiu o emprego. Mas quase perdeu a vaga por não saber como iniciar um diálogo. Os elos de conversa teriam salvado aquele almoço e estabelecido uma conexão sólida muito mais rápido.

Indo no sentido horizontal

Tom Mangan tem uma visão interessante sobre os elos de conversa. Ele acredita que, para formar conexões mais profundas, temos que resistir ao desejo de tornar os diálogos verticais.

Então, uma das questões relacionadas aos elos para iniciar conversas é que há uma diretriz implícita para seguir no sentido vertical, subindo cada vez mais para chegar à pergunta seguinte... Em vez disso, como você pode manter a conversa horizontal? Em outras palavras, ao perguntar o nome de uma pessoa ou indagá-la sobre ele, muitos de nós pensam "certo, já sei o nome" e pronto, já correm para o próximo tópico. Mas é melhor explorar um pouco mais o assunto. "Conte mais sobre o seu nome. Por que a grafia é diferente? Seus pais lhe deram esse nome ou você solicitou alguma alteração nele?" Em seguida, sobrenomes podem ser mais um assunto. Podemos ter um diálogo de 20 minutos só falando sobre o nome da pessoa. É isso que quero dizer com ir no sentido horizontal. Não pule para o próximo tópico. Passe um tempo no mesmo assunto e se aprofunde mais.

E, depois, faça a mesma coisa com o assunto seguinte. A casa que a pessoa imaginaria, por exemplo: "Então, me diga, não apenas sobre onde você mora, mas do que você gosta nesse lugar" ou "O que mantém você morando lá?". Cada vez mais gente está trabalhando de forma remota. Então, o que faz alguém continuar a morar naquela cidade, sendo que agora seria realmente possível viver em qualquer lugar do mundo? Esse é o tipo de pergunta que faz com que se lembrem de nós e permite que nos lembremos dos outros, aprofundando a conexão. Não estamos simplesmente riscando os itens de uma lista.

Em outras palavras, em vez de ir da placa de identificação até a lâmpada em uma rápida sucessão com o menor número possível de perguntas, reserve um tempo para explorar profundamente cada tópico antes de passar para a imagem seguinte. Isso cria ainda mais semelhanças que formam a base de uma conexão. "Ah, você também tem uma filha de 12 anos?", "Minha família também é da Itália!" ou "Acabei de descobrir como badminton é divertido". Ao descobrir interesses compartilhados, você pode encontrar ainda mais pontos em comum que o ajudarão a se conectar com o outro.

Como se lembrar de nomes

Já aconteceu de você perguntar o nome de alguém e esquecer logo depois? Na melhor das hipóteses, isso é constrangedor; no pior dos casos, é uma gafe que acaba com a conexão. Criamos inúmeras formas de lidar com o esquecimento do nome de alguém, desde simplesmente chamar a pessoa de "senhor", "senhora", "cara" ou "amigo" até fazer com que o outro acabe falando o nome de novo. E se, em vez disso, nos concentrássemos em realmente nos lembrar do nome?

Dale Carnegie sabia que o nome de uma pessoa é para ela "o som mais agradável" e criou uma sigla para nos ajudar a lembrar nomes. É chamada fórmula VIRA.

1. Ver e ouvir

Tente o máximo que puder se concentrar na pessoa que está falando e se certifique de entender com muita clareza qual é o nome dela. Você pode pedir a ela que o soletre.

2. Impressão

Crie uma impressão mental da aparência da pessoa. Isso inclui características físicas ou o ambiente/a situação no momento.

3. Repetição

Repita o nome da pessoa o máximo de vezes possível durante a conversa. Use-o quando for adequado. Use-o quando for se despedir. Depois, repita-o na sua cabeça tanto quanto possível.

4. Associação

Faça associações de características físicas, pontos de referência, objetos, construções, empresas, etc. Use cores e palavras semelhantes para ajudar você a se lembrar do nome. Os humanos se lembram melhor das coisas em imagens.

Depois de seguir esses passos, se lembrar de nomes fica muito mais fácil. Repita os nomes de todas as pessoas com quem você interagir, treine essa fórmula e a transforme em um hábito. Frank Starkey conta como se lembrar de nomes lhe rendeu alguns acordos de negócios.

Anos atrás, fui convidado para falar com líderes de uma empresa. Bem, eles queriam saber um pouco mais sobre a Dale

Carnegie Training. Então alguém disse: "Ei, preciso que você vá até lá e converse com eles por mais ou menos uma hora sobre o que Carnegie faz e como podemos ajudá-los, essas coisas." Aí fui à sede dessa empresa, mas tive que esperar muito, bem além do horário marcado. Assim, a hora durante a qual eu ia falar se transformou em talvez meia hora. Entrei e encontrei todos sentados em volta de uma mesa de conferência, que é a pior maneira de fazer uma conexão, porque as pessoas se concentram apenas em seus laptops e tablets. Os funcionários se apresentaram rapidamente e, em seguida, conversamos um pouco sobre a Dale Carnegie Training e sobre a empresa deles. Havia 11 pessoas na sala. No final, agradeci a cada um falando nome e sobrenome. Eles ficaram impressionados e acharam importante que eu tivesse me lembrado de cada um pelo nome. Mais tarde, me disseram que foi assim que conseguimos fechar a venda.

Nomes importam! Se você entrar em uma sala cheia de desconhecidos convencido de que não é bom em se lembrar de nomes, vai esquecê-los imediatamente. Se achar que não é possível descobrir o nome de todo mundo, vai acabar acertando essa previsão.

Um jovem candidato ao senado estadual conheceu Blair Miller em uma arrecadação de fundos na casa de um amigo. Alguns anos depois, Blair foi a um evento beneficente para esse mesmo candidato quando ele concorreu ao senado federal. O político se lembrava de Blair pelo nome e perguntou sobre seus três filhos, de quem se recordava por causa da conversa que os dois tiveram antes, apesar de o candidato conhecer centenas de estranhos toda semana. Ele memorizou essas coisas porque estava interessado, prestou atenção e se importou. O que aconteceu com esse jovem político? Acabou se tornando presidente dos Estados Unidos por dois mandatos. O nome dele é Barack Obama.

Em vez de pensar que não consegue gravar nomes, que tal estabelecer a intenção de se lembrar do nome de cada pessoa com quem você interagir? Quando perguntar o nome dela, ou quando ela disser como se chama, pare. Deixe que a informação se assente. Faça algumas perguntas. Use a técnica VIRA descrita acima, em vez de apenas passar para a próxima pergunta. O sexto princípio de Dale Carnegie diz: "Lembre-se de que as pessoas consideram o próprio nome o som mais agradável e mais importante em qualquer idioma." Se quiser estabelecer uma conexão ou fazer um novo amigo, chame-o pelo primeiro nome. Não o chame de "meu chapa". Especialmente se você estiver concorrendo a um cargo político.

A arte de contar histórias

Embora muito do que estamos compartilhando aqui ensine como fazer os outros nos dar informações, uma conversa é sempre uma experiência de mão dupla. Não estamos travando um diálogo se só enchermos a pessoa de perguntas ou dermos respostas monossilábicas. Durante a conversa, imagine que há um holofote iluminando a pessoa que está falando. Devemos nos interessar por ela e permitir que ela fale por boa parte do tempo. Às vezes, porém, o outro volta o holofote para nós, e também precisamos compartilhar quem somos.

Nesse caso, talvez seja preciso contar histórias ou nossas próprias ideias à pessoa. Como podemos fazer isso sem "sequestrar" a conversa e torná-la autocentrada? Aqui está uma dica que demos em um dos outros livros desta série, *Speak!* (sem tradução no Brasil), sobre como contar uma boa história.

Para contar uma história autêntica, precisamos nos lembrar dos três A: 1) você precisa ter **Adquirido o direito**, através da experiência de estudo, de falar sobre seu assunto e contar suas histórias; 2) você precisa estar **Animado** para compartilhá-la, sem receio ou hesitação; e 3) você tem que estar **Ansioso** para compartilhar porque deseja transmitir valor ao ouvinte.

Tudo isso se resume a ser você mesmo. Se os três A estiverem presentes, tenha confiança de que você é interessante o suficiente por si só.

Quando o holofote for apontado na sua direção, é porque a outra pessoa está interessada em você. Mas simplesmente contar a história não basta. Seu objetivo deve ser estabelecer uma conexão com a conversa ou com a pergunta para dividir o holofote e devolvê-lo ao interlocutor. Se ele perguntar sobre seus hobbies e você contar que adora correr maratonas, talvez seja possível, em seguida, fazer uma conexão com a paixão dele por tocar guitarra. "Imagino que, assim como eu corro vários dias por semana, você provavelmente toque bastante sua guitarra, né?", ou faça você também uma pergunta sobre o assunto: "Você acompanha algum esporte?", ou "O que você gosta de fazer ao ar livre?", ou "Gosto de correr com outras pessoas. Você toca guitarra em uma banda?", ou "Prefiro correr ao ar livre a correr na esteira. Você já tocou guitarra em público? O que achou da experiência?"

Existem pessoas que aproveitam a oportunidade de uma pergunta para sequestrar a conversa até a hora de ir embora. Não seja assim. Não evite o holofote, mas também se certifique de alternar entre aproveitar o momento de estar em evidência e aproveitar o momento de ouvir o outro.

A *innerview*

Outra técnica que ensinamos em nosso curso e que permite que as pessoas façam conexões ainda mais profundas é chamada de *innerview*, uma junção das palavras *inner* (interior) e *interview* (entrevista). Conduzir uma *innerview* é um método comprovado para aprofundar a conexão com as pessoas por meio de uma conversa intencional que busca desvendar o que há dentro de um indivíduo, em vez de se concentrar apenas no que está na superfície (lembra que, no capítulo 3, falamos sobre ir além do que seu interlocutor oferece? É assim que você pode fazer isso). Enquanto os elos para iniciar conversas dizem respeito ao começo de um diálogo, a *innerview* procura se aprofundar para entender os valores e as crenças de alguém.

No processo da *innerview*, conversamos de uma forma que gere informação e conexão. Ela não foi projetada para avaliar ou julgar alguém, como uma entrevista tradicional. Em vez disso, simplesmente faça perguntas com o intuito de entender semelhanças a partir das quais você pode formar uma conexão.

Três tipos de perguntas de *innerview*

1. Perguntas factuais
Essas são perguntas típicas de conversas e giram em torno de informações factuais. Às vezes, as respostas para essas perguntas podem ser encontradas em arquivos pessoais. Exemplos de perguntas factuais:

- Onde você cresceu?
- Que tipo de atividades você praticava quando criança?
- Conte-me sobre seu primeiro emprego.
- Quais eram seus interesses na escola?
- Fale um pouco sobre a sua família.
- O que você faz para se divertir?

2. Perguntas causais

Estas são perguntas que visam determinar os motivos ou fatores causadores de algumas das respostas às perguntas causais. Em geral, começam com "por que" e "o que". Exemplos de perguntas causais:

- Por que você escolheu essa escola?
- O que levou você a estudar esse tema?
- O que o levou ao seu trabalho atual?
- O que você fez logo após concluir o ensino médio?
- Como você começou a praticar esse hobby?

3. Perguntas baseadas em valores

Estas são perguntas para ajudar você a se conectar com o sistema de valores de uma pessoa. Elas foram projetadas para ajudar um líder a ouvir o que alguém considera importante. Também são questionamentos que as pessoas raramente fazem, mas que oferecem uma visão mais ampla do interior de um indivíduo. Exemplos de perguntas baseadas em valores:

- Conte sobre uma pessoa que teve um grande impacto na sua vida.
- Se você tivesse que fazer tudo de novo, o que mudaria (se é que mudaria algo)?
- Se você tivesse que apontar um grande ponto de virada na sua vida, qual seria?
- A vida tem muitos altos e baixos. Algum deles teve uma influência significativa sobre você?
- Que conselhos você daria a um jovem se ele o procurasse?
- Como você resumiria sua filosofia pessoal em uma frase ou duas?

Como Tom Mangan nos disse quando falou sobre "seguir na horizontal", o objetivo da *innerview* não é fazer todas as perguntas o mais rápido possível, nem dar conta de todas as questões. A intenção é entender o outro, encontrar pontos em comum e conhecê-lo como ser humano, e não apenas como alguém que tem determinado cargo, função ou responsabilidade. Como dissemos, conectar-se é construir relações. A *innerview* ajuda a fazer isso em ambas as direções.

Conexões podem nos surpreender

Rebecca Collier conta uma história que ilustra como nunca sabemos aonde uma conexão com alguém pode nos levar.

John era relativamente novo no cargo de diretor de novos negócios em uma empresa de contabilidade com sede na Califórnia e tinha uma lista de pessoas com quem queria entrar em contato. Uma dessas pessoas era o CEO de um grande sistema de saúde. Após a primeira sessão de um curso na Dale Carnegie Training, John e eu conversamos sobre como o conteúdo poderia ser usado especificamente em um ambiente de networking. John foi a um evento com a esperança de conhecer o tal CEO, que estava cercado de gente. Então, John começou a conversar com uma mulher que estava meio deslocada do grupo. Ele pôs em prática a técnica de diálogo que tinha aprendido, e os dois se divertiram muito trocando ideias. Segundo John, a mulher era fascinante, e ele descobriu muito sobre ela. Quando os dois estavam encerrando a conversa, adivinhe quem se aproximou? O CEO. A mulher se vira para o executivo e diz: "John, quero te apresentar o meu marido." E comenta com o esposo: "Você precisa conversar com este homem."

Às vezes, as conexões acontecem assim. E precisamos estar abertos a elas mesmo quando isso não faz necessariamente parte da nossa "estratégia". Nunca se sabe quem pode nos ajudar, e ter conexões com outras pessoas possibilita que alguém nos auxilie quando necessário. Uma plataforma como o LinkedIn é útil para ver se temos contatos em comum com pessoas com quem desejamos falar. Estar aberto a conversas no ônibus, no metrô ou no avião também pode ser assim. Aubrey conta sobre um jantar com alguns amigos do marido, Rodney, que ela nunca tinha encontrado. Esses amigos tinham se tornado muito próximos e se reuniam para muitos jantares e ocasiões sociais. Ao perguntar "como vocês conheceram meu marido?", Aubrey quase cuspiu a bebida quando a resposta foi "no metrô". Rodney também fez amizades com uma lenda da publicidade e o pai de um astro do rock muito famoso. Ele os conheceu enquanto passeava com o cachorro.

Mais de 20 anos atrás, Blair Miller estava em um avião indo para casa quando começou a conversar com a mulher sentada ao seu lado. Ela era musicista e ia se apresentar na cidade de Blair. Os dois tiveram um papo tão bom que a artista lhe ofereceu ingressos para o show e pediu que ele fosse ao camarim apresentar a esposa (sobre quem Blair tinha falado muito bem) após o espetáculo. Esta mulher era nada mais, nada menos que Diana Krall, a famosa cantora... antes de ficar famosa. É claro que o show foi ótimo.

Estamos vendo repetidas vezes que, quando temos uma postura aberta e uma curiosidade natural sobre os outros, podemos fazer conexões genuínas. Você deve ter percebido que John não observou o salão em busca de alguém que ele achava que poderia apresentá-lo ao CEO. Simplesmente puxou conversa com uma mulher que estava meio deslocada. Ele poderia ter esperado sua vez ou ter se esgueirado por entre as pessoas para falar com o

CEO, mas aproveitou a oportunidade de fazer uma conexão. E isso fez toda a diferença.

Conselho da vovó

Grace Dagres nos conta mais sobre como se conectar com as pessoas por causa de quem elas são, e não do que elas podem nos oferecer.

> Muitas vezes, não necessariamente tiramos um tempo para nos conectar com as pessoas por causa da essência delas. Não chegamos a conhecer suas peculiaridades, características e histórias incríveis. Em vez disso, nos concentramos no título que possuem ou no cargo que ocupam. "Há quanto tempo você é vice-presidente?", por exemplo. Mas minha avó costumava falar que até o rei da Grécia põe as calças do mesmo jeito que todo mundo. O que ela queria dizer é que, independentemente de status – seja a pessoa um CEO ou um faxineiro, alguém que conhecemos em um elevador ou alguém que vemos em uma sala de conferências –, temos que tratar todos da mesma forma, porque somos todos apenas seres humanos.
>
> As pessoas pensam que indivíduos famosos ou importantes são diferentes. Eles podem ser famosos ou importantes, mas continuam sendo pessoas. Dave Huntley estava esperando, acompanhado de uma equipe de filmagem, a chegada do CEO de uma grande empresa para gravar uma entrevista. Enquanto aguardavam, os membros da equipe jogavam sinuca em uma mesa no estúdio. Quando o CEO entrou, todos congelaram. Dave perguntou:

– Ei, Tom, quer jogar sinuca?

O CEO parou e pensou. Então disse:

– Por mais que eu queira, já deixei todo mundo esperando por muito tempo. Então mãos à obra.

A oferta para jogar bilhar foi um convite para uma conexão que o CEO transformou em uma oportunidade de dar reconhecimento às pessoas da equipe e ao fato de que o tempo delas era importante. Isso formou a base para a conexão necessária para que todos se sentissem confortáveis o suficiente para criar o ambiente ideal para uma entrevista autêntica.

Lembrar disso pode ser de grande ajuda quando sentimos ansiedade social em relação a conhecer gente nova. Todos – até pessoas com diferentes origens, religiões, posições políticas, etc.– têm algo em comum com você. É só uma questão de descobrir o quê. Essa é a base da conexão.

Diferenças de estilo de comunicação

Madison estava animada e nervosa. Grávida de três meses, precisava dar a notícia no trabalho para que a empresa pudesse se preparar para a licença-maternidade dela. Madison precisava da assinatura de duas pessoas: seu supervisor direto e a responsável pelo departamento de Recursos Humanos. Cada um tinha um estilo de comunicação bem diferente, e era importante lidar com a situação do jeito certo.

Primeiro, ela foi até o chefe, Bill. Ele era uma pessoa muito direta, analítica e assertiva. Se Madison entrasse na sala do supervisor e contasse toda a história sobre como ela e o marido vinham tentando ter um filho havia anos e estavam prestes a iniciar o tratamento de fertilização in vitro quando conseguiram engravidar naturalmente, ele perderia o interesse em cerca de cinco segundos. Não que Bill fosse um babaca que não gostava dela. Mas esse era o jeito dele em termos de comunicação.

– Oi, Bill. Tem um minutinho?
– Claro, Madison, entre. Como posso ajudá-la?
– Bem, tenho boas notícias. Steven e eu estamos grávidos!
– Que notícia ótima! – disse Bill, sorrindo e olhando para a foto da própria família. – Joan e eu temos três meninos. Isso na sua mão é o seu formulário de licença-maternidade para eu assinar? Quando você vai sair de licença?

Madison entregou o formulário.
– Primeiro de julho.

Bill assinou rapidamente e devolveu o documento.
– Aqui está. Parabéns mais uma vez, Madison. Você vai ser uma mãe maravilhosa.

Fechando a porta do escritório, Madison sorriu. Tudo tinha corrido perfeitamente! Mas ela sabia que as coisas seriam um pouco diferentes quando fosse contar a Cheryl, do RH, que era uma comunicadora indireta muito simpática e expressiva. Se Madison chegasse lá apenas com os fatos, Cheryl poderia se magoar. Dessa vez, levaria muito mais tempo para obter a assinatura.

– Oi, Cheryl, posso entrar?
– Claro, Madison. Sente-se! Está tudo bem com você? Acho que não a vejo desde que você teve uma intoxicação alimentar no piquenique da empresa, há três meses.

Cheryl sorriu e fez sinal para Madison se acomodar no sofá, o que ela também fez.
– Então, falando nisso... No fim das contas, não era intoxicação alimentar. Estou grávida.
– Menina, isso é ÓTIMO. Eu sei que você e Steven estavam tentando. Você já contou para os seus pais?

Vinte minutos depois, Madison saiu do escritório com as duas assinaturas de que precisava. Ao entender as diferenças de estilo de comunicação e adaptar o seu ao do interlocutor, ela conseguiu aprofundar suas conexões tanto com Bill quanto com Cheryl.

Estilos de comunicação

Em geral, pesquisas sobre estilos de comunicação dividem as pessoas em uma destas quatro categorias:

AMIGÁVEL. Informal, afável, focada no relacionamento, prestativa, calorosa, sincera; gosta de feedback positivo.
ANALÍTICA. Formal, metódica, sistemática, lógica, orientada para dados; busca respostas, detalhes e soluções; gosta de evidências.
EXPRESSIVA. Expressiva, eloquente, usa gestos, desenha o quadro geral e gosta de ouvir qual será a vantagem para ela.
ASSERTIVA. Eficiente, focada em metas e objetivos, pontos de vista e opiniões fortes, decidida, gosta que lhe apresentem opções.

Adaptando nosso estilo de comunicação

É importante nos adaptar às pessoas com quem estamos falando para deixá-las à vontade. Aqui estão algumas sugestões de como fazer isso.

- Estabeleça uma comunicação harmônica com base no estilo de comunicação do outro.
- Fale por um tempo sobre assuntos com os quais o indivíduo se sente confortável.

- Use um ritmo e uma linguagem apropriados, que se adaptem ao estilo do outro.
- Preste atenção no tempo gasto, de acordo com o estilo da outra pessoa.
- Para grupos, adote um estilo amigável.

Esta é uma daquelas situações em que a regra de ouro – "trate os outros como você gostaria de ser tratado" – não funciona. O ideal é que você aplique a regra de platina: "Trate os outros como eles gostariam de ser tratados." Caso contrário, você corre o risco de fazer o que é certo para você, mas errado – e ineficaz – para eles.

Seis níveis de feedback positivo ou elogios vazios *versus* elogios embasados

Outro elemento para iniciar e cultivar relacionamentos é elogiar e dar feedback. O modo como fazemos isso pode nutrir nossas conexões ou enfraquecê-las.

Imagine que seu chefe ou um ente querido se aproxima de você e diz: "Preciso lhe dar um feedback." Como você se sente? Na maioria das vezes, respiramos fundo e nos preparamos para o pior. No entanto, feedbacks não devem focar apenas naquilo que estamos fazendo do jeito errado. Eles também devem ser positivos, informando o que estamos fazendo corretamente para sabermos que devemos continuar agindo assim. Na verdade, especialistas e pesquisas nos dizem que a proporção de elogios e críticas deve ser de no mínimo cinco para um se quisermos provocar mudanças de comportamento. No mínimo. Pessoas que trabalham sob um dilúvio constante de críticas negativas ficam desmoralizadas e desmotivadas.

Lee estava liderando um complicado programa de treinamento on-line que envolvia duas plataformas de tecnologia, um coinstrutor e um produtor. Os participantes estavam do outro lado do mundo, o que significava que Lee trabalhava até tarde da noite. O coinstrutor queria que Lee ministrasse o programa da mesma forma que Pat, o outro instrutor. Lee, que era muito experiente, tinha outros métodos de ensinar o conteúdo, com diferentes analogias, demonstrações e histórias. Mas não era isso que o coinstrutor queria. Toda vez que fazia algo de maneira um pouco diferente – mesmo sem saber como Pat abordava o tema –, Lee era criticado. "Esse não é o jeito certo de fazer isso." "O que você está fazendo?" "Essa aula foi uma bagunça." Lee percebeu que, em vez de ficar empolgado com a experiência de ministrar o curso e com o que poderia agregar ao programa, sentia-se pisando em ovos, tímido, sem vontade de demonstrar humildade e fazer perguntas sobre a forma "correta" de passar o conteúdo. Ele deixou de oferecer sugestões ou contribuições que poderiam aprimorar o programa. Lee se viu em um local de trabalho tóxico, que estava mudando o modo como se comportava.

Quando se sentem criticados, os funcionários começam a encobrir erros e ocultar questões que precisam ser trabalhadas. Isso é não é produtivo! Nós os queremos motivados. Queremos aumentar sua autoconfiança. Dar feedback positivo. Uma proporção de no mínimo cinco elogios para cada crítica nos ajuda a alcançar isso.

Ao dar feedback positivo:

- Seja sincero, não manipulador.
- Seja específico para que seus comentários tenham significado.
- Para fins de clareza, seja breve.
- Quando terminar, fique em silêncio para permitir que o destinatário aceite o feedback.

Como mencionamos em outro livro desta série, *Lead!*, existem seis níveis de feedback positivo, que às vezes chamamos de elogios. O elogio é uma "expressão educada de admiração". O feedback positivo permite que a pessoa saiba o que está fazendo certo – aquilo que desejamos que ela continue a fazer, mesmo enquanto muda outros comportamentos. Elogios e feedback ajudam seus liderados a crescer e prosperar, desde que eles os encarem como sinceros e direcionados especificamente a eles.

Os seis níveis vão desde dar feedback sobre coisas impessoais até aspectos que são muito pessoais.

6. Nível de visão: Esta é a forma mais elevada de elogio, pois é a mais global. "Você realmente entende o conceito de atendimento ao cliente."

5. Nível de identidade: São coisas essenciais para uma pessoa. "Você é um membro importante da equipe de engenharia."

4. Nível de crença: São qualidades mais internas da pessoa. "Você tem um jeito positivo de encarar as coisas."

3. Nível de habilidades: "Você é ótimo com o Photoshop."

2. Nível de comportamento: Coisas que podem ser observadas. "Você não interrompeu Janet enquanto ela estava falando sobre os problemas do projeto."

1. Nível do ambiente: Coisas como carro, roupas, casa ou escritório. "Gostei do novo quadro na parede."

Quando estiver dando feedback, faça um esforço para elevá-lo a um nível mais alto, porque os níveis mais baixos têm menos impacto. Você prefere ser elogiado pela cor da sua camisa ou receber um feedback positivo que reconheça sua habilidade em transformar um plano em realidade? Quanto mais alto o nível de feedback, mais aquele que o recebe se sente compreendido e reconhecido com base em quem ele é, em vez de coisas fáceis de ver.

Aqui estão alguns exemplos de como a dinâmica funciona.

Em vez de "Seu PowerPoint estava muito completo" (ambiente), experimente dizer: "Valorizo muito o fato de você fazer perguntas aos outros membros da equipe para envolvê-los no projeto" (comportamento).

Ou "Você é muito bom em organizar coisas" (habilidades) se transforma em "Você é uma pessoa muito organizada" (identidade). Ou até: "Você ajudou todos nós a sermos mais organizados" (visão).

Observe como o feedback se torna muito mais eficaz quando é respaldado por algo que você percebeu.

Compare:
"Você é muito responsável."

com
"Gosto de como você se lembrou de chegar na hora para a nossa reunião, ainda que estivesse resolvendo o problema daquele cliente" (comportamento). "Você é muito responsável" (identidade).

Compare:
"Você é um ótimo ouvinte."

com
"Você é um ótimo ouvinte (habilidade). É um prazer ter alguém do seu calibre na nossa organização" (identidade).

Por quê? A identidade de uma pessoa só pode ser formada

com a prova do que você percebeu de fato. Ela vai acreditar mesmo que você a considera alguém responsável porque você deu um exemplo de quando ela foi responsável.

Pense em como você se sente quando recebe um "elogio vazio", do tipo "Você é um cara legal!", em vez de um "elogio embasado" como "Nossa, você se lembrou do meu aniversário de empresa. Como você é atencioso!"

Palavras sobre pontos fortes

Usar uma ampla gama de termos nos comentários positivos que fazemos promove a integridade, dá credibilidade e nos deixa mais próximos de alcançar o objetivo de aumentar a conscientização sobre pontos fortes ocultos. Por exemplo, a seguir há 40 pontos fortes diferentes que podemos observar nos outros.

Assertivo	Espontâneo	Direto
Sutil	Progressivo	Perceptivo
Versátil	Profundo	Parceiro
Imparcial	Sensato	Pioneiro
Metódico	Diplomático	Criativo
Modesto	Sistemático	Mente aberta
Incansável	Colaborativo	Natural
Dinâmico	Sábio	Confiante
Perspicaz	Solidário	Empreendedor
Elucidativo	Construtivo	Tranquilo
Inovador	Equilibrado	Empático
Determinado	Curioso	Honesto
Alerta	Receptivo	Caridoso
Firme	Instigante	Líder
Genuíno	Resiliente	

Cuidado com elogios/feedbacks vazios!

Sabe aquele chefe relaxado que deixava as pessoas fazerem o que quisessem e fazia elogios sem qualquer embasamento? Isso não conta para o nosso índice ideal de cinco elogios por crítica. Não devemos dizer a um funcionário: "Você é o melhor!" sem um feedback específico, porque isso não significa nada e tampouco reforça comportamentos que queremos continuar incentivando. O melhor em quê? O que esse funcionário deve continuar fazendo? Embora falar isso já seja um começo e possa ser melhor do que não dar feedback positivo algum, o objetivo é ser tão específico, eficaz e crível quanto possível.

Outra armadilha é dizer a um funcionário que ele é maravilhoso sem que isso seja verdade. As pessoas sabem o que achamos de verdade delas. Se fazemos elogios falsos, isso gera dissonância. "Estou recebendo avaliações de desempenho horríveis, mas ela está me dizendo que estou indo muito bem."

Se não conseguirmos encontrar nenhum aspecto para elogiar, será necessário buscar mais a fundo. Até comportamentos que são esperados de todos podem ser reconhecidos de forma genuína. "Valorizo o fato de você estar aqui todas as manhãs pronto para atender os telefones." "Gosto de ver você se esforçando para aprender nossa complexa linha de produtos para poder representar melhor a empresa a cada dia."

Como dar um feedback que não seja elogio

Nossa intenção não é sugerir que só devemos fazer comentários positivos. Dar feedbacks construtivos é uma arte, mas isso é parte importante do ciclo. Como Dale Carnegie afirmou, é melhor chamar a atenção para o erro da pessoa de forma indireta (princípio 23) e começar falando de um dos seus próprios erros (princípio 24). Aqui estão algumas diretrizes específicas sobre como dar feedbacks que componham uma estratégia para formar conexões. Quando aprendemos a dar feedbacks eficazes e baseados em comportamentos, desenvolvemos relações de mais confiança com as pessoas ao mesmo tempo que aprimoramos nossas próprias habilidades de liderança e comunicação.

Feedback baseado em comportamento

1. **Comece com elogios e evidências.** "Admiro o fato de você fazer questão de reservar um tempo para treinar sua equipe."

2. **Relate o motivo para a mudança – por que esse feedback é importante para a pessoa?** O que ela ganhará se ouvi-lo e fizer ajustes de acordo com esse feedback? "Você gostaria de ser ainda mais eficaz no treinamento de pessoas? Isso pode melhorar as relações e o envolvimento da equipe. E pode ajudar todos a serem mais bem-sucedidos, o que seria bom para a sua imagem como líder deles."

3. **Atenha-se ao comportamento e se concentre naquilo que pode ser mudado.** "Você é alto demais" não é útil. Identifique os comportamentos específicos que podem ser melhorados. "Quando você fica de pé perto das pessoas sentadas e as observa de cima enquanto as treina, elas se sentem pouco à vontade."

4. **Seja sucinto** (cuidado para não sobrecarregar a pessoa). Não entre na história do desenvolvimento dos treinamentos, nas pesquisas que você leu sobre o tema, nem dê 37

exemplos de onde você viu aquela coisa sendo feita do jeito certo ou errado.

5. **Seja encorajador.** Posicione o feedback como algo fácil de corrigir ou modificar. "Se você se sentar de frente para as pessoas, pode fazê-las se sentirem mais à vontade."

Ao usar esse processo conciso de cinco etapas, podemos dar feedbacks sobre como melhorar. E, embora às vezes possa ser desconfortável receber o feedback (apesar de haver quem anseie por ele!), oferecê-lo demonstra um nível de franqueza e respeito que amplia a base da conexão que temos.

Como receber feedbacks

Se vamos dar feedback aos outros, devemos pedir e receber de braços abertos os comentários de outras pessoas. Por mais que possamos torcer para que elas sejam tão boas em dar feedbacks quanto gostaríamos de ser, talvez não seja o caso. E isso não invalida o valor das sugestões que elas fazem. Eis algumas diretrizes para receber feedbacks, a maioria delas já exposta na página 63:

- Presuma que não somos objetivos ao avaliar nossas próprias habilidades. Isso significa que precisamos de ajuda. Há uma série de ferramentas de feedback 360 graus disponíveis que podem fornecer dados sobre as percepções das pessoas com quem você trabalha.
- Prepare-se para o feedback. Pode ser difícil deixar o ego de lado, e muitas pessoas se beneficiam ao aprender técnicas adaptativas que as ajudam a encarar e aceitar feedbacks de maneira construtiva.

- Valorize a intenção. Embora possa ser desconfortável receber um feedback que revela pontos cegos, lembre-se de que também é difícil dar feedbacks construtivos. É provável que a pessoa que está fazendo os comentários queira ajudar.
- Interrompa rotinas. Fechamos os olhos para as coisas ao nosso redor quando nos habituamos a fazer tudo do nosso jeito e acabamos criando roteiros sobre como agimos com os outros – por exemplo, como reagimos a problemas, conduzimos reuniões ou treinamos nossos funcionários.
- Apenas faça. Dada a importância desses comportamentos de liderança, não há desvantagem alguma em simplesmente agir para se tornar ainda melhor neles. O simples ato de aprender também pode incentivar um autoconhecimento maior, o que significa que há um benefício duplo em agir: tomar consciência do seu desempenho em relação a esses comportamentos cruciais para motivar os funcionários e, ao mesmo tempo, se empenhar para aprimorá-los.
- Agradeça. O feedback é um presente que exige que a pessoa tenha coragem para dar. É um investimento de tempo e esforço – e um risco. Mesmo que doa, dê valor à outra pessoa pelo feedback que ela lhe ofereceu. Não se limite a murmurar um "obrigado". Em vez disso, olhe o outro nos olhos e diga como aquele feedback foi útil para você. Seja grato pelo presente.

É impossível eliminar completamente nossos pontos cegos; eles fazem parte da natureza humana. Mas, por meio de uma autorreflexão sincera combinada com um esforço concentrado, podemos nos direcionar com segurança rumo a nos tornarmos as pessoas excepcionais que queremos ser. Melhor ainda, podemos pedir feedbacks aos outros, o que demonstra respeito pela outra pessoa, mostra que valorizamos a opinião dela e fortalece conexões.

Com autoconsciência, adote o que é conhecido como "mente de aprendiz". Seja aberto e curioso, não se importe em cometer erros e em se enganar. Mesmo que nos esforcemos para seguir padrões impecavelmente altos, devemos deixar nosso ego de lado.

Neste capítulo, vimos como iniciar relacionamentos e como flexibilizar nossos estilos de comunicação de acordo com a outra pessoa, além de aprendermos a dar e receber elogios e feedbacks.

PONTOS PRINCIPAIS

- Relacionamentos dão trabalho! Precisamos investir tempo e energia emocional para manter nossas conexões.
- Não nos ensinam a conversar. Elos de conversa podem ajudar.
- Elos de conversa horizontais significam seguir no mesmo assunto e se aprofundar.
- Uma sigla útil para se lembrar de nomes é VIRA: Ver e ouvir, Impressão, Repetição, Associação.
- Ao contar uma história, lembre-se dos três A: você precisa ter Adquirido o direito, estar Animado e estar Ansioso.
- Ao fazer uma *innerview*, há três tipos de perguntas: factuais, causais e baseadas em valores.
- Existem quatro estilos de comunicação diferentes (amigável, analítico, expressivo e assertivo), e é importante se adaptar ao estilo do outro.
- Há seis níveis de feedback:
    6. Visão
    5. Identidade
    4. Crença
    3. Habilidades
    2. Comportamento
    1. Ambiente
- Dê feedbacks positivos e negativos em uma proporção de cinco comentários positivos para cada negativo.
- Ao dar feedbacks positivos:
    - seja sincero, e não manipulador;
    - seja específico, pois isso oferece sentido;
    - seja breve para maior clareza;

- fique em silêncio, o que permite que o destinatário aceite o feedback.
- Ao dar feedbacks negativos:
  - comece com elogios e evidências;
  - relate o motivo para a mudança;
  - atenha-se ao comportamento e se concentre naquilo que pode ser mudado;
  - seja sucinto;
  - seja encorajador.
- Ao receber feedbacks:
  - diga "Obrigado(a)".

"Todo mundo conhece alguém que conhece alguém que conhece alguém."
– JEFF SHIMER

6

Construindo e restabelecendo a confiança

O pescoço de Ernie estava ficando dolorido de tanto inclinar a cabeça para trás e tentar chamar a atenção do garçom. Ele tinha pedido um copo de água três vezes e ainda não o havia recebido.

– Estou faminta. Espero que eles tragam logo nossas entradas – disse a irmã de Ernie, olhando para o relógio. – Tenho que chegar em casa logo para liberar a babá.

Era o aniversário de casamento dos pais deles, e Ernie e a irmã tinham decidido ir ao restaurante italiano onde o pai pedira a mãe em casamento. A vida toda, a família havia comemorado ocasiões especiais nesse restaurante, e Ernie até conhecia os donos. Mas, nos dois anos anteriores, desde a pandemia, a qualidade da comida e do serviço havia mudado. Da última vez que ele e a irmã foram ao restaurante, levaram três horas para terminar o jantar.

Na época, Ernie ficara inclinado a ter empatia, porque muitos estabelecimentos estavam passando por dificuldades naquele momento. Mas, por fim, as porções menores, o serviço ruim e os preços mais altos estavam começando a prejudicar a confiança dele no restaurante preferido da família.

No documento "A confiança está morta. Vida longa à confiança! Por que a lealdade de clientes no longo prazo ainda é impulsionada por relacionamentos de confiança", publicado pela Dale Carnegie, mostramos os resultados de um grande estudo que conduzimos com enfoque na relação entre credibilidade e lealdade. Investigamos os fatores que levam a relacionamentos de confiança e o que surge a partir deles. No caso desse estudo, nos concentramos em uma relação econômica (vendedores e compradores), mas é claro que a questão da confiança é importante em qualquer tipo de relacionamento. Não é possível ter uma conexão significativa com alguém em quem você confia, mas que não confia em você. E com certeza é impossível se relacionar com uma pessoa na qual não confiamos.

O que é confiança?

Quando perguntamos "O que é confiança?", a resposta que a maioria das pessoas dá é que "você sabe o que é quando sente". Nossa pesquisa mostrou que existem duas partes na definição do termo: 1) credibilidade e 2) preocupação com o outro.

A confiança é um ingrediente essencial no início e na manutenção de conexões. Se uma pessoa pedir comida em um restaurante para ser entregue em casa e todas as vezes o pedido vier errado ou o serviço de atendimento ao cliente for ruim, a confiança vai se corroer. Por outro lado, se na maior parte do tempo o pedido vier correto e, se houver um problema, o serviço de atendimento estiver lá para ajudar, o restaurante vai ter credibilidade e demonstrar preocupação com o cliente.

Quanto mais importante a conexão, mais essencial é a confiança. Toleramos mais erros de um restaurante do que de um banco. Se uma instituição bancária cometer um engano com nosso dinheiro, é um sinal de alerta. E se houver um segundo? Vamos procurar outro banco.

Portanto, é necessário certo nível de confiança para estabelecer uma relação positiva. À medida que vai crescendo ao longo do tempo, o relacionamento oferece oportunidades para reforçar esse sentimento; os dois lados da conexão se tornam interdependentes. Isso significa que a confiança precisa começar em algum ponto. O que costumamos dizer é: "Depois que eles demonstrarem que merecem minha confiança, vou confiar neles." A realidade é que, se confiarmos desde o início, isso vai acelerar o ciclo de reforço. O que significa que, se nosso padrão for confiar, isso vai gerar cada vez mais confiança no relacionamento.

Para além da confiança, as relações também exigem um comprometimento de ambas as partes e uma disposição para fazer sacrifícios de curto prazo para preservar o relacionamento. Investir na relação e criar uma convicção na estabilidade dela são coisas que desenvolvem ainda mais relacionamentos positivos. Por sua vez, esses fatores geram comprometimento pessoal, pois quanto mais confiável uma relação se tornar ao longo do tempo, mais valor a pessoa dará a ela. O resultado é que é mais provável sermos leais àqueles em quem confiamos do que arriscarmos a incerteza com alguém que não conhecemos.

Confiança + Relacionamentos = Lealdade

Laura Nortz dá um exemplo de uma relação na qual desenvolveu um poderoso senso de confiança.

Há um senhor com quem eu trabalhava, um líder que havia desenvolvido uma forte conexão comigo. Tínhamos um alto nível de confiança, a ponto de ele só precisar dizer "Laura, precisamos fazer X, Y e Z por tal razão" para que eu realizasse a tarefa.

Por quê? Porque eu sabia que ele pensava no que era melhor para mim. Nunca me pediria para fazer algo que beneficiasse somente a ele. O que não quer dizer que ele não fosse obter nenhum benefício daquilo que estava me pedindo para fazer. Mas eu sabia que seria algo que também me beneficiaria.

Lembre-se: a confiança tem a ver com credibilidade e, como exemplificado na história de Laura, preocupação com o outro. Laura sabe que o líder leva os interesses dela em consideração.

Como mencionamos várias vezes neste livro, desenvolver conexões significativas envolve uma intenção, desde o início, de criar relações duradouras, e não baseadas apenas em transações. Ou, se a natureza do relacionamento for transacional (como no exemplo do serviço de entregas), ainda assim ele deve ser mais aprofundado para formar uma conexão genuína.

Como desenvolver confiança, credibilidade e respeito?

Como podemos desenvolver confiança, credibilidade e respeito? Esses três resultados são cruciais para criar uma conexão. O esquema a seguir ilustra os critérios pelos quais somos julgados. Certos ou errados, goste você deles ou não, é assim que as pessoas nos veem, e isso determina se receberemos confiança, teremos credibilidade ou seremos respeitados.

| 1. Nossa aparência | + | 2. Nossas ações | + | 3. O que dizemos | + | 4. Como dizemos | = | Confiança Credibilidade Respeito |

Juntos, esses quatro critérios formam uma impressão favorável ou desfavorável, e todos eles influenciam a conexão e em que medida nós ou os outros sentimos um senso de pertencimento.

1. **Nossa aparência:** Você associaria de imediato uma motoqueira cheia de tatuagens a uma neurocirurgiã? Faria uma doação para uma pessoa angariando fundos para crianças pobres se ela estacionasse um Rolls-Royce na sua calçada?

2. **Nossas ações:** Se uma pessoa lhe falasse sobre como a honestidade é importante para ela e, em seguida, você a ouvisse mentindo sobre o andamento de um projeto sob a liderança dela, isso causaria desconfiança?

3. **O que dizemos:** Se alguém fizesse uma piada inadequada a seu respeito em uma reunião, o que aconteceria com o nível de confiança? Ou se a pessoa lhe dissesse que não pagou alguém por um serviço prestado, você confiaria nela?

4. **Como dizemos:** Se murmurarmos "que bom conhecer você" enquanto olhamos para outra pessoa que não o interlocutor, como isso será interpretado? Ou se alguém nos disser que está tudo ótimo, mas estiver com uma aparência exausta, estressada e agitada, como se não dormisse há dias, será que acreditaremos?

Não podemos criar conexões com alguém se os quatro critérios acima não estiverem de acordo com a situação. Em um evento da Harley Davidson, seria normal ver motoqueiros tatuados, e uma pessoa com um uniforme de médico pareceria deslocada. Se estivermos pagando a mais para que um projeto seja concluído o mais rápido possível, então alguém parecendo exausto, estressado e insone pode nos dar a impressão de que ele está fazendo tudo o que pode para concluir o projeto. Não existem respostas certas para esses itens. O essencial é que você seja autêntico em relação à sua essência e adequado à situação.

Jayne Leedham conta uma história sobre a importância da confiança nela e no trabalho dela ressaltando que o que ela diz e faz, e o modo como se comunica, podem levar a grandes transformações.

> Meu trabalho é aparecer em uma empresa e entrar em uma sala com 12 a 20 pessoas que foram enviadas para receber um treinamento. Elas não necessariamente querem estar lá e, em alguns casos, são bem hostis. Então, minha função é me conectar bem rápido com essas pessoas, passar segurança e conquistar a confiança delas para que sigam o processo que vou conduzir em seguida. O mais importante de tudo é que valorizo o tempo delas. Para mim, uma parte enorme disso é dizer abertamente: "Vocês abriram mão de tanto tempo para estarem aqui e seu tempo é muito valioso. Aprecio muito isso. Vou fazer valer a pena."
>
> Acho que, quando comecei nesse trabalho, não tinha essa percepção e não fazia conexões suficientes. Assim, no fim de um dia de treinamento, algumas pessoas ainda se sentiam como reféns em uma sala, porque eu não enxergava que minha função era fazer com que elas vissem (1) o valor do curso e (2) que eu lhes daria algo que valeria a pena e tornaria a vida delas mais fácil de alguma forma.
>
> Hoje, após uma hora na sala com uma turma, sei o nome de todas as pessoas. Meu objetivo é também saber qual é o trabalho delas – e não apenas seu cargo, mas o que elas realmente fazem.
>
> Depois de entender isso, posso começar a dar exemplos ou fazer perguntas que sejam de fato relevantes para o mundo delas. E é aí que as pessoas sentem que estamos mais conec-

tados e que as estou ajudando. Como representante da Dale Carnegie, uso de verdade os nove primeiros princípios para ganhar a confiança de todos os participantes presentes. E, por causa disso, obtenho ótimos resultados. E é a primeira coisa que falo para novos instrutores: "Não se preocupe com o conteúdo à sua frente. Porque, se você não conseguir se conectar com ele, não vai ser capaz de fazer seu trabalho. Não vai ser capaz de passar pela porta e entrar na mente das pessoas. Isso é especialmente verdadeiro quando se pede que elas conduzam treinamentos. Então, se você puder gostar de todos, dar umas boas risadas e simplesmente incentivar todo mundo a aprender um pouco, isso torna a conexão muito melhor."

David Kabakoff concorda. Sim, o conteúdo é importante, mas "o crucial não é o conteúdo, e sim como ele transforma você. A essência [de construir relacionamentos] é pôr o outro em primeiro lugar. Sem isso, não há qualquer chance de desenvolver confiança". Certa vez, na sala de aula, havia dois participantes muito diferentes. Um era um jovem rapaz negro e o outro era um homem branco mais velho. Não parecia que eles teriam muitos elementos para estabelecer uma conexão, mas usamos a técnica dos elos para ajudá-los a descobrir coisas um sobre o outro. Afinal, se eu conhecer você, podemos confiar um no outro.

No fim das contas, os dois homens tinham sido abandonados quando bebês. Esse fato gerou uma conversa que estabeleceu uma conexão tremenda – tudo porque a confiança que foi desenvolvida criou um ambiente seguro para que eles fossem sinceros e honestos.

"Criar um ambiente de confiança é o precursor da conexão."
– DAVID KABAKOFF

Vinte princípios para desenvolver confiança, credibilidade e respeito

1. Estabeleça afinidades ao levar os interesses dos outros em consideração. Faça perguntas, descubra o que os motiva e crie um ambiente para crescimento e aprendizado.
2. Ouça com sinceridade – com os ouvidos, os olhos e o coração – e tenha consciência de preconceitos e julgamentos.
3. Honre e encontre mérito em diferenças de opinião, viés e diversidade.
4. Pergunte, não diga. Colabore com os outros em decisões, demonstre uma postura de abertura e aceitação, seja receptivo e mantenha a cabeça aberta para novas ideias e feedbacks construtivos.
5. Esteja disposto a negociar e fazer concessões e seja um mediador entre pessoas que tenham diferentes pontos de vista.
6. Pense antes de falar. Leve em consideração o público, o relacionamento e o ambiente quando escolher suas palavras e ações.
7. Pense e fale em termos de "nós". Use um vocabulário inclusivo e emoções adequadas. Comunique-se com diplomacia, tato e sensibilidade.
8. Cuide rapidamente dos problemas. Fale com confiança, de forma decidida e com autoridade; forneça evidências quando declarar opiniões. Use instintos e fatos para tomar decisões sensatas e racionais.
9. Demonstre integridade. Defenda suas crenças e valores importantes e inegociáveis.
10. Mantenha a humildade. Esteja visível e mostre à sua equipe que você está "nas trincheiras" com eles. Seja um especialista modesto e esteja disposto a se submeter à expertise dos outros.

11. Siga altos padrões de comportamento profissional e ético. Seja honesto e confiável, guarde confidências, cumpra promessas e compromissos.
12. Seja paciente e leal e aja de forma consistente, racional e justa. Seja resiliente e se recupere rapidamente de contratempos.
13. Seja uma inspiração exemplar – aja de modo profissional e sempre cumpra o que diz. Demonstre boa vontade e boas intenções. Dê aos outros o benefício da dúvida, acredite em erros não intencionais e absolva as pessoas quando for adequado.
14. Demonstre respeito, confiança e fé nos outros. Delegue, dê poder e abra mão. Incentive a tomada de riscos e ofereça apoio.
15. Seja autêntico – demonstre congruência entre suas palavras e ações. Revele seus próprios pensamentos e sentimentos com franqueza e sinceridade e ofereça feedbacks construtivos quando necessário.
16. Seja generoso, cortês e acessível e esteja disponível como um recurso. Trate as pessoas com compaixão e dignidade.
17. Seja realista ao comunicar visões, objetivos e resultados. Ofereça oportunidades de crescimento, treinamento e mentoria.
18. Seja humano. Aceite a responsabilidade e admita erros, fracassos e desvantagens.
19. Lide diretamente com os outros. Não participe de fofocas, não espalhe boatos nem fale de alguém pelas costas.
20. Seja um aliado. Concentre-se nos pontos fortes, ofereça incentivo e aumente a autoconfiança dos outros. Demonstre admiração, ofereça reconhecimento e dê crédito aos outros pelas conquistas deles.

É possível confiar exageradamente?

É claro que quase todo mundo já teve a experiência de confiar na pessoa errada. Ou de perder a confiança de alguém com quem se importava muito. De forma semelhante, todos nós já conhecemos pessoas que são muito desconfiadas e veem o mundo como um lugar amedrontador e indigno de confiança.

O segredo é ter equilíbrio. O gráfico a seguir ilustra o "ponto ideal de confiança". Ao observá-lo, avalie a si mesmo usando a tabela da página seguinte para entender em que local da escala você se encontra e onde talvez precise se deslocar intencionalmente.

Avaliação de confiança

Quando confiamos em nós mesmos, em outra pessoa ou em um objeto, contamos de forma segura com o caráter, a capacidade, a força ou a verdade daquela pessoa ou coisa. Confiar de mais ou de menos pode ser perigoso. Alcançamos um grau saudável de confiança quando equilibramos fatos e instinto para tomar boas decisões e ter bom senso.

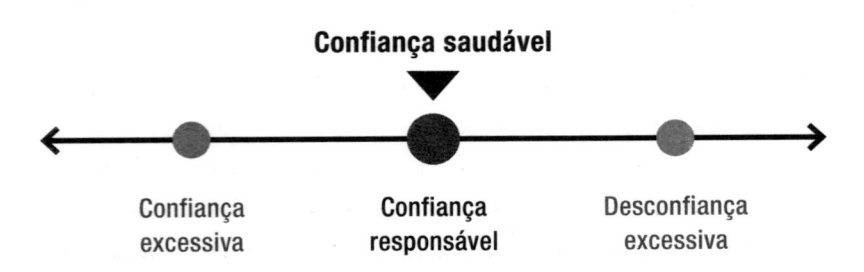

Confiança saudável

▼

←——————●————————●————————●——————→

Confiança excessiva · Confiança responsável · Desconfiança excessiva

Onde estou nessa escala?

CONFIANÇA EXCESSIVA	CONFIANÇA SAUDÁVEL	DESCONFIANÇA EXCESSIVA
Confia em todos e de forma imprudente	Confia nas pessoas com base em instinto e informações	Não confia em ninguém, nem em si próprio
Pode ser ingênuo e influenciável	Tem discernimento e cautela	Pode ser desconfiado e paranoico
Tende a cair em golpes e tomar decisões ruins	Tende a ser responsável, ter bom senso e tomar boas decisões com segurança	Tende a ficar paralisado por insegurança, autodefesa e indecisão
Muitas vezes tem uma postura passiva de dizer sempre "sim"	Tem uma postura assertiva, dizendo "talvez" ou "possivelmente"	Muitas vezes tem uma postura agressiva de dizer sempre "não"

Grace Dagres conta a história de como mudou a postura de uma pessoa que tinha começado a pender exageradamente para o extremo "desconfiado" do espectro.

É preciso estabelecer a confiança rapidamente. Você tem que mostrar às pessoas que as valoriza, ouvi-las de verdade para de fato entender o que estão dizendo, fazer com que elas se sintam importantes e agir com honestidade. No início de 2019, recebi um telefonema de um amigo, que falou:

– Minha filha terminou a faculdade. E está deprimida há um ano. Não consegue arrumar um emprego, então fica no quarto e está muito triste. E eu preciso fazer alguma coisa para ajudá-la, porque ela é incrível. O mundo só não sabe disso ainda.

Meu amigo me pediu para trabalhar com a filha dele no curso sobre Comunicação Eficaz e Relações Humanas da Dale Carnegie. Ele acreditava que o programa poderia ter um ótimo impacto na jovem, então aceitei. Fizemos uma reunião on-line, e ela disse:

– Acho que você não vai conseguir me ajudar, porque não sou muito boa em falar o que penso. Sou muito introvertida e tenho muita dificuldade de ser assertiva. Na verdade, não sei como ser direta e falar com confiança. Morro de medo.

Eu sabia que precisava conquistar a confiança dela, então falei:

– Acredito em você. Ainda me lembro de como era amedrontador me vangloriar para conseguir um emprego quando eu tinha a sua idade. E vou me certificar de criar um ambiente seguro e confortável para você se arriscar e ficar desconfortável.

Então ela me disse:

– Certo, eu topo.

Sabe o que aconteceu? Ela compareceu toda semana. Na primeira quinzena, ficava cutucando a costura lateral da saia ou da calça toda vez que tinha que falar com o grupo.

Certo dia, no sexto encontro, ela chegou e se ofereceu para ir primeiro.

– O que aconteceu entre os encontros cinco e seis? – perguntei.

Ela tinha ido a uma entrevista de emprego! Foi lá e usou os princípios de como estabelecer confiança e criar relacionamentos no primeiro contato com o entrevistador.

E na mesma hora ela foi informada de que tinha conquistado a vaga.

– O que você acha que fez a diferença? – indaguei.

– Grace, eu me concentrei de forma sincera na outra pessoa. Porque, afinal, o que o entrevistador queria? Ser reconhecido por contratar o candidato certo. Então lhe ofereci todos os motivos pelos quais me contratar faria bem para a imagem dele – respondeu a jovem.

Esse é um exemplo perfeito de alguém que aplicou o princípio 17 de Dale Carnegie: "Faça um esforço sincero para enxergar as coisas da perspectiva do outro." A aluna de Grace não apenas enxergou isso, como também ajustou sua aparência, suas ações, o que dizia e como dizia para conseguir o emprego.

Sinais de desconfiança

Como saber quando alguém com quem temos uma relação está começando a sentir desconfiança? Aqui estão seis sinais de alerta:

1. moral baixo, falta de motivação ou iniciativa;
2. alto índice de faltas, atrasos, rotatividade;
3. comunicação cautelosa ou uma rede ativa de boatos;
4. medo ou preocupação subjacentes;
5. comportamento descrente ou desconfiado;
6. comportamento e comunicação defensivos ou agressivos.

O grau do problema de confiança pode ser determinado pelos sintomas. Aqui estão alguns exemplos:

PROBLEMAS DE CONFIANÇA OCASIONAIS	PROBLEMAS DE CONFIANÇA SÉRIOS E CONTÍNUOS
• Fazer o mínimo para sobreviver • Evitar desafios • Passar o dia como um sonâmbulo • Falta de comprometimento	• Se comportar mal: demonstrar uma postura negativa • Se concentrar apenas em problemas e obstáculos • Resistir a mudanças • Minar/sabotar as conquistas dos outros

De onde vêm os problemas de confiança?

No exemplo anterior, Grace conheceu a garota por meio de uma relação prévia com o pai dela. Não é sempre assim que conhecemos as pessoas. Às vezes, deparamos com indivíduos por quem sentimos uma desconfiança natural, ou que podem desconfiar de nós antes mesmo de nos conhecerem. Isso pode ficar aparente antes mesmo de termos qualquer interação com eles. De onde vem esse sentimento? Como podemos restabelecer a confiança quando não fomos nós que criamos a desconfiança?

As respostas remontam à ideia de enquadramentos e filtros. Todos temos experiências de vida que moldam como enquadramos as situações e o que pode causar um elemento de suspeita. Se, por exemplo, a pessoa tiver passado por maus bocados na vida escolar, com professores ríspidos e repressores, tiver recebido um ensino ruim e talvez tiver até abandonado a escola, é provável que ela tenha uma desconfiança natural do sistema de educação em geral e de professores em particular. Agora, imagine que essa pessoa está em um evento e descobre que o indivíduo com quem está conversando é administrador de uma escola ou professor. Haverá um elemento de desconfiança que já existia antes mesmo que os dois dissessem "oi".

O que pode ser feito para restabelecer a confiança? Mudar o filtro. Para fazer isso, como recomendamos ao longo de todo este livro, é preciso se concentrar no outro. Se você tiver passado por maus bocados na escola e se vir conversando com um professor, deixe suas próprias experiências em segundo plano e faça perguntas envolventes ao outro. "Por que você decidiu entrar na área de educação?" "Do que você gosta no seu trabalho?" "O que motiva você a entrar em sala de aula todos os dias?" Se você for um professor que está conversando com alguém que não confia em educadores, faça perguntas significativas que abram espaço para uma conexão mais profunda. "Do que você gostou na sua vida escolar?" "Você já teve um professor que acreditou em você?" "Qual aspecto do sistema educacional não funcionou para você?" Apostamos que as duas séries de perguntas vão criar alguns pontos em comum que formem a base para uma conexão – e quem sabe até para a confiança.

Restabelecendo a confiança

E se a desconfiança surgir em um relacionamento já estabelecido? O que fazer se a confiança for quebrada? Ela pode ser restaurada? Sim, se ambas as partes estiverem abertas para isso. O gráfico a seguir ilustra o ciclo do restabelecimento da confiança.

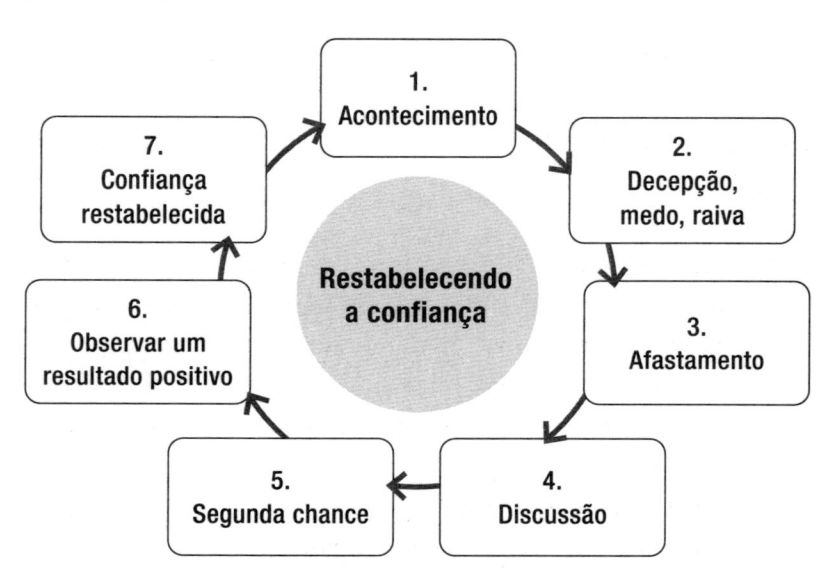

Restabelecendo a confiança

1. Acontecimento
2. Decepção, medo, raiva
3. Afastamento
4. Discussão
5. Segunda chance
6. Observar um resultado positivo
7. Confiança restabelecida

Nesse gráfico, (1) representa o acontecimento que quebra a confiança. Pode ser uma promessa descumprida, algo que escutamos por acidente ou algo que outros nos contaram. (2) Isso causa uma reação emocional ao acontecimento, que pode assumir várias formas. Então, nós (3) nos afastamos da pessoa/equipe/instituição que quebrou a confiança. Para reconstruir a conexão, é importante reconhecer e (4) discutir o ocorrido com a parte que cometeu o erro. Entender que o acontecimento talvez não tenha sido intencional, ou que podemos ter entendido mal, ou que existe uma explicação, pode nos dar a oportunidade de conceder (5) uma segunda chance ao outro. Quando temos a intenção de buscar motivos para confiar novamente no outro, em vez de procurar razões para a descrença, vamos encontrá-los. Isso também vale se buscarmos provas de que não devemos confiar. Quando vemos (6) o resultado positivo e enxergamos a pessoa como confiável, isso (7) restabelece a confiança.

Ações para restabelecer a confiança

Que ações específicas podemos tomar para restabelecer a confiança?

1. Deixar o ego de lado e ser humilde. Você (ou a outra pessoa) pode ter um motivo válido para a descrença. Mas se agarrar a isso não vai ajudar a recuperar a confiança. Reconhecer que "errar é humano" torna mais fácil entender o outro, em vez de esperar que ele atenda a um padrão impossível.
2. Rever percepções. Isso significa observar nosso enquadramento para verificar onde nossa percepção pode estar distorcida.
3. Respirar fundo ou fazer uma pausa. Conversar sobre o que aconteceu quando estamos com as emoções à flor da pele pode tornar o diálogo mais difícil.

4. Marcar um encontro em local reservado. Acusações públicas raramente melhoram a situação ou criam um ambiente propício para reflexões humildes e honestas.
5. Perguntar o ponto de vista do outro. Isso exige entrar no enquadramento dele e enxergar a situação da perspectiva dele.
6. Descobrir do que o outro precisa. Às vezes é um pedido de desculpas, em outras é suficiente deixar o assunto para lá e seguir em frente.
7. Cumprir a sua parte do acordo. Obviamente, se você concordou em fazer algo para restabelecer a confiança, precisa cumprir sua parte do acordo!

Neste capítulo, falamos sobre uma das principais questões em se conectar com os outros: a confiança. No próximo, vamos abordar mais um elemento central dos relacionamentos: o conflito.

PONTOS PRINCIPAIS

- A confiança envolve duas coisas:
    1. Credibilidade e
    2. Preocupação com o outro
- A confiança exige que você dê o primeiro passo
- Confiança + Relacionamentos = Lealdade
- Confiança, credibilidade e respeito envolvem quatro critérios:
    1. Nossa aparência
    2. Nossas ações
    3. O que dizemos
    4. Como dizemos
- É possível ter confiança e desconfiança excessivas. Precisamos encontrar um nível de confiança saudável.
- Há seis sinais de alerta para a desconfiança:
    1. moral baixo, falta de motivação ou iniciativa;
    2. alto índice de faltas, atrasos, rotatividade;
    3. comunicação cautelosa ou uma rede ativa de boatos;
    4. medo ou preocupação subjacentes;
    5. comportamento descrente ou desconfiado;
    6. comportamento e comunicação defensivos ou agressivos.
- Problemas de confiança vêm dos nossos enquadramentos e filtros.
- É possível restabelecer a confiança. A seguir estão sete ações que podemos usar para fazer isso.
    1. Deixar o ego de lado e ser humilde.
    2. Rever percepções.
    3. Respirar fundo ou fazer uma pausa.
    4. Marcar um encontro em local reservado.

5. Perguntar o ponto de vista do outro.
6. Descobrir do que o outro precisa.
7. Cumprir a sua parte do acordo.

7

Conflito

Ernie estava sentado na sala de conferências batendo o pé de nervoso. A empresa havia contratado um novo gerente de marketing e, historicamente, vendas e marketing tinham uma relação conflituosa. Para piorar a situação, o cara novo tinha feito faculdade na universidade rival à de Ernie e, depois, havia trabalhado na maior concorrente do setor. Era como se o conflito entre os dois fosse inevitável.

A porta se abriu e Bert entrou. A impressão inicial foi de que ele era tão babaca quanto Ernie suspeitava. Bert tinha um jeitão arrogante e um sorrisinho de desdém.

– Então é você o Ernie de quem tanto ouvi falar – disse ele, puxando a cadeira na cabeceira da mesa de reuniões. – Você é diferente do que eu tinha imaginado.

"O que isso quer dizer?", pensou Ernie. "Já não gosto desse sujeito."

Nem todo mundo tem o mesmo ponto de vista

Já aconteceu de você conhecer uma pessoa e saber na mesma hora que não ia se dar bem com ela? Frank Starkey passou por isso e tem bons conselhos para superar a situação.

Você certamente já encontrou alguém pela primeira vez e pensou "A gente não tem a mesma visão das coisas. Não vamos nos dar bem. Ela é daqui. Eu sou dali. Nunca vamos descobrir um jeito de nos conectar. Ela vê as coisas de um jeito diferente do meu." Então, de repente, quando você passa a conhecer a pessoa, a crítica vai embora, porque você entende as motivações dela. Depois de entender e descobrir como encontrar os pontos de concordância, vocês podem trabalhar em conjunto.

Mesmo em organizações saudáveis, nem todo mundo concorda em tudo. Não há problema algum em ser saudável e ter divergências, mas ainda assim há pontos de concordância. Não precisamos concordar em tudo, mas, para avançar, é preciso encontrar um espaço ou um tópico em que todos estejam de acordo. É assim que conseguimos nos dar bem com alguém de quem não gostamos.

Jonathan Vehar era dono de uma empresa de consultoria, e uma concorrente começou a entrar em contato com alguns integrantes de sua equipe de freelancers para lhes oferecer trabalho. Jonathan não gostou nada da situação. Em uma convenção do setor, o CEO da firma rival se aproximou dele e disse:

– A gente devia conversar.

Jonathan, que vinha evitando o CEO de propósito, respondeu de forma seca:

– Sobre nossos freelancers?

– Não. Mas também podemos falar sobre isso. Quero conversar porque acredito que o que fazemos é complementar e acho que poderíamos nos ajudar – respondeu o concorrente.

Por fim, os dois jantaram juntos, descobriram que estavam interessados em partes diferentes do mercado e começaram a indicar trabalhos um para o outro. Durante esse processo, conseguiram manter a equipe de freelancers trabalhando, o que aumentou a lealdade desses profissionais. Passados 20 anos, os dois são amigos próximos e ainda trabalham juntos com suas ofertas complementares.

O que é conflito?

Sempre que há duas ou mais pessoas, o conflito é inevitável. De crianças disputando um brinquedo até empresários discutindo sobre freelancers, passando por líderes mundiais brigando por fronteiras entre países, o conflito faz parte da vida de todos.

Mas o que exatamente é o conflito? Aqui está a definição que usamos. Conflito é...

1. Um grave desentendimento, como de interesses ou ideias, perturbação emocional; estar em contradição ou em oposição.
2. Uma luta mental gerada por necessidades, motivações, desejos ou demandas externas/internas incompatíveis ou opostos.

Como você pode ver, o conflito tem dois lados – externo e interno. O primeiro é um desentendimento com outra pessoa, e o segundo é uma luta mental interna. Em um capítulo anterior, falamos bastante sobre como superar conflitos mentais internos usando a ideia de enquadramentos e filtros. Neste capítulo, vamos nos concentrar mais nos conflitos interpessoais e em como solucioná-los.

Características do conflito

Antes de podermos abordar o conflito com a ideia de resolvê-lo, precisamos entender a natureza dele e como as pessoas reagem a ele. Aqui estão algumas de suas características:

- Raramente o conflito possui apenas uma fonte.
- As emoções estão à flor da pele.
- As pessoas ficam desconfortáveis com o conflito.
- As pessoas se sentem sozinhas e têm a sensação de que são as únicas passando por isso.
- As pessoas pensam no que vão perder.
- As pessoas acham que não têm recursos suficientes para lidar com a situação.
- As pessoas só conseguem lidar com certo nível de conflito.
- As pessoas acreditam sinceramente que estão certas.

A origem do conflito

De onde, exatamente, vem o conflito interpessoal? Elaboramos uma sigla que mostra as áreas em que as pessoas mais entram em conflito: PRIDE (orgulho, em inglês). O gráfico a seguir ilustra isso:

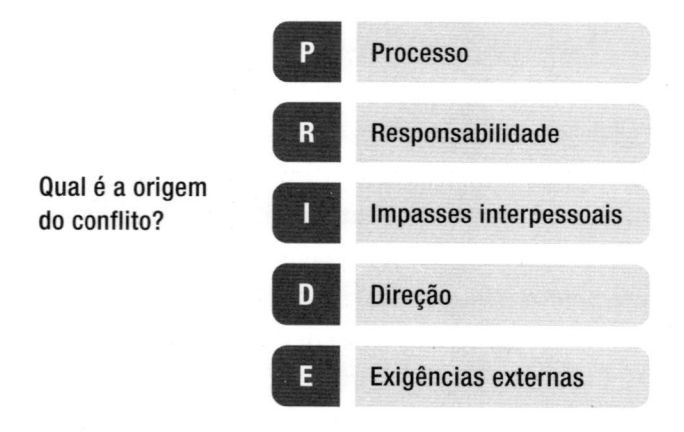

Qual é a origem do conflito?

- **P** Processo
- **R** Responsabilidade
- **I** Impasses interpessoais
- **D** Direção
- **E** Exigências externas

Basicamente, tendemos a ter conflitos com os outros por causa de Processos (como estamos fazendo algo), Responsabilidades (quem tem a função de fazer algo), Impasses interpessoais (as duas partes têm estilos diferentes ou um histórico complicado),

Direção (desentendimentos quanto ao rumo tomado) ou Exigências externas (que podem ser dinheiro ou recursos, outras pessoas – como filhos ou sogros –, limites de tempo ou qualquer fator fora da relação). Quando pensamos nos conflitos que temos, conseguir identificar a fonte muitas vezes nos faz refletir e cria a oportunidade de discutir aquela área com a outra pessoa para buscar um ponto de acordo. O que nós dois queremos?

Seis coisas que causam conflitos

O Carnegie master Ercell Charles relata os seis motivos pelos quais as pessoas discordam umas das outras.

1. Elas não se escutam.
2. Valores/crenças são diferentes.
3. Estilos de personalidade.
4. Perspectivas diferentes.
5. Diferenças geracionais/culturais.
6. Elas simplesmente não gostam uma da outra.

"Nem todo mundo vai gostar de você. Você não é um chocolate."
– Meme da internet

Como lidar com o conflito

Com muita frequência, o conflito permanece oculto. Pode ser o que se chama de "elefante na sala". Já aconteceu com todo mundo: você entra em uma sala e há uma tensão no ar sem qualquer motivo aparente. Esse é um conflito oculto. No entanto, não podemos solucionar um problema que não identificamos. Por isso, é importante trazer o conflito à tona. Mas isso precisa ser feito de forma estratégica, para que ele não aumente e fique pior. Aqui estão algumas dicas para trazer o conflito à tona:

1. Aborde o problema quando os ânimos não estiverem exaltados.

2. Escolha um ambiente neutro.

3. Trate o conflito como um problema da equipe, quando adequado.

4. Convide para o diálogo com uma abordagem amigável.

5. Use perguntas abertas:
    - Por que você está com raiva?
    - O que eu posso fazer para ajudar?
    - O que causou isso?
    - Como você reagiu quando dissemos isso?

6. Use mensagens focadas em "eu" ou com sujeito indeterminado, em vez de mensagens com "você": "Você não sabe o que está acontecendo por aqui" *versus* "Eu sinto que sou o único que sabe o que está acontecendo" ou "Parece que há uma falta de consciência geral a respeito da situação atual".

7. Fale do problema, não da pessoa.

8. Pare de falar e ouça.

9. Aja de acordo com o que ouvir para ganhar e manter a confiança.

Ouvir como uma pessoa se sente a respeito de uma situação e, em seguida, desconsiderar o que ela disse piora as coisas. Lembre-se de uma das formas de restabelecer a confiança que abordamos no capítulo anterior: cumpra a sua parte do acordo.

Renee e Courtney tinham uma tarefa em conjunto relacionada à renovação de marca da empresa de eletrônicos para a qual trabalhavam. Renee comandava o marketing e Courtney era líder de gerenciamento de produto. Para que as duas pudessem ter sucesso na elaboração das novas embalagens dos produtos, Renee precisava fornecer a logo e o guia da marca para Courtney. Ela pediu várias vezes a Renee que se concentrasse no projeto. A colega se recusava a começar a tarefa, o que criava pressão sobre Courtney, que sabia que o tempo que teria para trabalhar estava ficando cada vez mais curto. Por fim, durante uma ligação, Renee explodiu e disse para Courtney: "Não estou nem aí para o que você precisa!" E então desligou o telefone. Courtney ficou chocada. As duas tinham uma boa relação de trabalho e socializavam fora da empresa. Ela decidiu deixar que a situação se acalmasse. Alguns dias depois, ligou para Renee e assumiu a responsabilidade pelo conflito. "Olha, sei que a pressionei demais com esse projeto." Então, perguntou o que realmente estava acontecendo. Na verdade, Renee estava lidando com alguns problemas de saúde e vinha tendo problemas com a agência de branding responsável pelo trabalho, e por isso estava sendo pressionada pelo chefe. À medida que a conversa se desenrolava, e conforme as duas faziam um esforço consciente para entender o ponto de vista da outra, elas foram capazes de concordar em um caminho para seguir em frente que permitiria que ambas conseguissem aquilo de que precisavam.

Escala de reação ao conflito

Abaixo está um gráfico que ilustra várias reações ao conflito. Na extrema esquerda estão os comportamentos de evitação e, na extrema direita, as respostas mais agressivas. O ideal é nos esforçarmos para alcançar o meio, onde fazemos concessões (sem abrir mão do que é mais importante para nós) e colaboramos para que os dois lados fiquem satisfeitos.

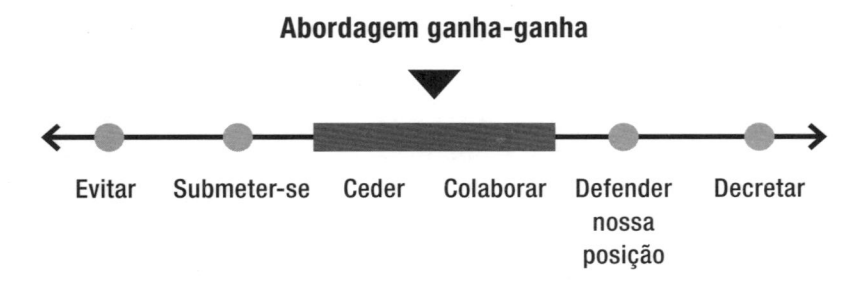

Abordagem ganha-ganha

← Evitar — Submeter-se — Ceder — Colaborar — Defender nossa posição — Decretar →

Perguntas para resolução de conflitos

Para fazer isso e obter uma solução ganha-ganha, aqui estão algumas questões que precisam ser abordadas:

1. Qual é o conflito?
2. Quais são os estilos de reação ao conflito envolvidos?
3. Quais são as causas? Qual é a raiz do problema?
4. Quais são as resoluções possíveis?
5. Qual é a melhor resolução?

Segurança psicológica

Para alcançar isso, é preciso haver um ambiente de segurança psicológica. Em fevereiro de 2022, circulou um vídeo de um militar russo de alta patente sendo entrevistado pelo presidente Vladimir Putin. No vídeo, fica claro que o oficial discordava da invasão da Ucrânia. Não é preciso dizer que aquele não era um ambiente onde o militar estivesse seguro do ponto de vista psicológico (ou talvez até físico) para discordar do presidente, então ele se submeteu verbalmente.

Por outro lado, no famoso "Projeto Aristóteles" da Google, eles descobriram que uma das características de equipes de alto desempenho era um ambiente de segurança psicológica. Nesse ambiente, membros da equipe se sentem seguros para se arriscar e ficar vulneráveis na frente uns dos outros. Para de fato superar um conflito, as duas partes precisam se sentir seguras do ponto de vista psicológico.

Segurança psicológica

Segundo Timothy R. Clark (2020), estar seguro psicologicamente significa se sentir incluído e seguro para aprender, contribuir e desafiar o status quo – tudo isso sem medo de ser constrangido, marginalizado ou punido de alguma forma.

Aqui estão nove sinais de baixa segurança psicológica:

1. As pessoas não fazem muitas perguntas durante as reuniões.
2. As pessoas não se sentem confortáveis em assumir falhas ou colocam a culpa nos outros quando acontecem erros.
3. As pessoas evitam conversas difíceis e assuntos espinhosos.
4. Os líderes tendem a dominar as discussões durante as reuniões.

5. Feedbacks não são dados ou solicitados com frequência.
6. As pessoas não costumam se aventurar além das atribuições da sua função ou das suas responsabilidades para apoiar os outros.
7. As pessoas não pedem ajuda umas às outras quando precisam.
8. Quase não há discordâncias ou pontos de vista divergentes.
9. As pessoas não se conhecem no nível pessoal. Apenas profissionalmente ou com base no escopo do grupo.

A boa notícia é que, ainda que a unidade social do nosso trabalho, da nossa instituição ou da nossa comunidade esteja nos primeiros estágios da criação de segurança psicológica, não precisamos dos outros para começar a cultivá-la para nós mesmos. Quando mudamos nossa mentalidade, somos capazes de nos dar o poder de modificar nosso comportamento, obter resultados melhores e ser um exemplo para os outros. Isso cria mais uma base para conexões.

Administrando emoções durante um conflito

No clássico *Como chegar ao sim*, os pesquisadores Roger Fisher e William Ury mencionam várias técnicas para lidar com as emoções durante um conflito. Emoções fortes são tanto uma causa quanto um resultado de conflitos. Pessoas em conflito podem ter diversos sentimentos negativos – raiva, desconfiança, decepção, frustração, confusão, preocupação ou medo. Aqui estão algumas dicas, baseadas no trabalho de Fisher e Ury, para administrar essas emoções e estabelecer um ambiente de segurança psicológica:

1. Quando sentir as emoções aflorando, dê um passo para trás e se concentre no que o outro está sentindo. Ele está com raiva ou apenas empolgado e envolvido com o assunto?
2. Tente encontrar a fonte das emoções. Quais são os filtros do outro na situação que podem estar provocando os sentimentos e as ações dele? É possível que o filtro não tenha nada a ver com você?
3. Fale abertamente sobre os sentimentos do outro. "Parece que esta conversa está deixando você frustrado. Estou interpretando errado?"
4. Expresse seus próprios sentimentos de maneira não conflituosa (usando declarações com "eu" em vez de declarações com "você"). "Acho que estou me sentindo decepcionado porque..."
5. Valide os sentimentos do outro e o direito dele de enxergar algo de forma diferente da sua. "Entendo por que você se sente assim dada a sua perspectiva a respeito da situação."
6. Se a outra pessoa não conseguir se afastar das próprias emoções, então é você quem tem que fazer isso. Não reaja movido pelas emoções. Em vez disso, saia da sala e dê a vocês dois a oportunidade de se acalmarem.

Quando discordamos

Como mencionamos, é inevitável ter discordâncias. O que importa não é o fato de discordarmos, mas como lidamos com isso. A melhor forma de administrar discordâncias é encontrar algum tipo de ponte, usando pontos de concordância. O esquema a seguir ilustra esse processo.

Use o(s) ponto(s) de concordância como ponte

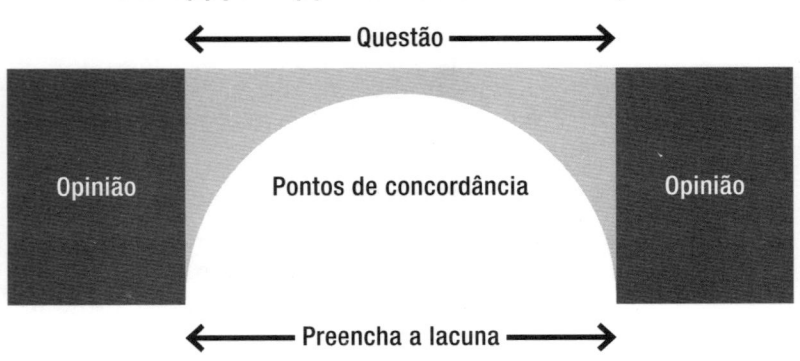

⟵ Questão ⟶

| Opinião | Pontos de concordância | Opinião |

⟵ Preencha a lacuna ⟶

- *Entendo o que você está falando sobre a importância de...*
- *Vejo agora o porquê da sua posição com base em...*
- *_____ é um assunto que pode mexer bastante com as emoções.*

Para encontrar pontos de concordância, há cinco passos:

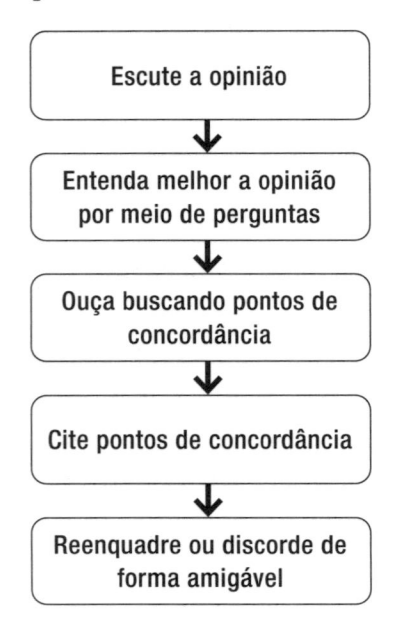

```
Escute a opinião
      ↓
Entenda melhor a opinião
  por meio de perguntas
      ↓
Ouça buscando pontos de
     concordância
      ↓
Cite pontos de concordância
      ↓
Reenquadre ou discorde de
     forma amigável
```

Estar disposto a encontrar pontos de concordância necessários para superar o conflito exige (mais uma vez) deixar o ego de lado e ouvir o outro e a opinião dele. Depois de escutar, devemos fazer perguntas para entender a outra pessoa de verdade. Essas perguntas têm como objetivo explicar nosso entendimento, e não convencer o outro (nada de "Mas você não acha que...?"). Enquanto ouvimos, precisamos buscar as áreas em que concordamos, o que pode ser difícil se estivermos procurando tópicos para discutir. Concentre-se nas semelhanças. Então, fale sobre elas. Sobre o que vocês concordam? Onde há um ponto de convergência? Onde seus objetivos e suas crenças se alinham? Quando estiver claro em que pontos as duas partes concordam, você pode reenquadrar a discussão na direção de áreas de concordância ou decidir "concordar em discordar" de forma cortês e amigável.

Rebecca Collier conta uma história marcante sobre como administrar conflitos:

> Eu estava trabalhando para uma empresa multinacional de distribuição de petróleo – e estou falando de petroleiros enormes e contêineres gigantescos. Uma das atividades era em um terminal de carga com as autoridades portuárias e estivadores. Era um grupo caótico. Havia duas pessoas que se odiavam, o que eu não sabia de início. Annette e Carl tinham uma relação tão ruim que estava afetando outros aspectos da operação. Depois que descobri isso, percebi que eles tinham se sentado o mais longe possível um do outro naquele primeiro dia de treinamento.
>
> Há atividades ao longo do curso da Dale Carnegie que fazem com que precisemos conversar e sejamos divididos em pares ou em pequenos grupos. E, ao longo dos nossos cinco dias juntos, os dois puderam se conhecer mais a fundo e descobriram que, quando falavam sobre assuntos que não en-

volviam o trabalho, tinham muito em comum. O interessante foi que, no último encontro – e todos os dias os participantes podiam escolher onde se sentar –, eles resolveram ficar na mesma mesa. Quando falamos sobre os benefícios que eles haviam obtido com o programa, Annette foi a primeira a se levantar e dizer: "Sei que não sou uma pessoa fácil de lidar. E por causa disso enfrentei muitos conflitos na minha carreira. Este programa me permitiu construir uma relação. Abriu uma porta com Carl, e agora podemos ter conversas respeitosas, porque sabemos que temos mais semelhanças do que diferenças." Todos na sala se levantaram e aplaudiram. Foi um grande exercício de autoconsciência para ela. Na verdade, para os dois. Isso melhorou a capacidade deles de fazer as coisas, em vez de ter objetivos opostos.

Isso significa que todos os inimigos podem virar melhores amigos por meio do diálogo? Não. Mas significa, sim, que podemos ultrapassar os conflitos e encontrar pontos de concordância, e isso pode ter benefícios poderosos e criar conexões importantes.

O esquema a seguir mostra seis opções para lidar com uma situação volátil ou desafiadora.

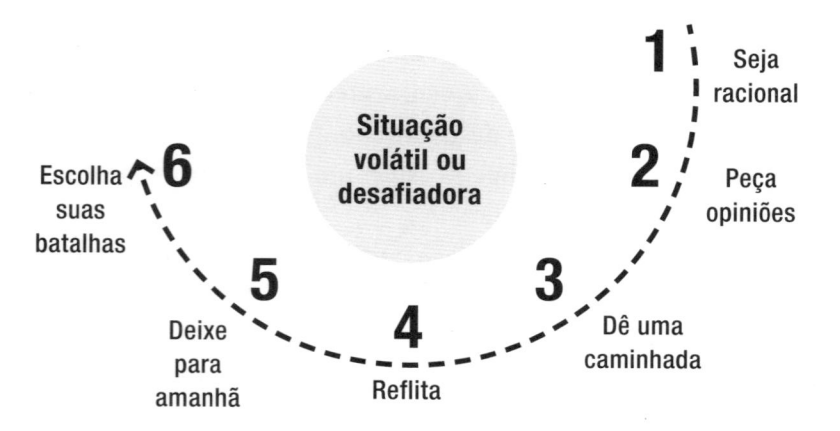

- **Situação volátil ou desafiadora**
- 1 – Seja racional
- 2 – Peça opiniões
- 3 – Dê uma caminhada
- 4 – Reflita
- 5 – Deixe para amanhã
- 6 – Escolha suas batalhas

1. **Seja racional:** em outras palavras, saia da sua mentalidade emocional e pense na situação usando seu intelecto, em vez dos sentimentos.

2. **Peça opiniões:** não tente resolver tudo por conta própria. Obtenha opiniões das principais partes interessadas para que você possa ter uma nova perspectiva.

3. **Dê uma caminhada:** em geral, não é necessário solucionar a questão de imediato. Se você estiver em uma situação volátil, talvez isso nem seja possível. Saia para caminhar, dê um tempo a si mesmo e procure se acalmar.

4. **Reflita:** tire um tempo para pensar na questão de diferentes perspectivas e defina o que está funcionando, o que não está e como você pode melhorar as coisas.

5. **Deixe para amanhã:** essa expressão é tão comum porque funciona. Enquanto você dorme, seu cérebro processa a questão, e é bem possível que você acorde com novas ideias.

6. **Escolha suas batalhas:** não precisamos participar de todas as discussões para as quais somos convidados. Pode haver valor em evitar a discussão. Ela realmente importa? Entrar nessa briga vale o esforço, a energia, a credibilidade ou os danos colaterais?

Robert ficou tão irritado durante uma reunião que precisou sair do prédio. Se não tivesse feito isso, teria precisado pedir demissão na hora. Apesar de suas objeções enérgicas, a equipe dele tinha sido incumbida do projeto que ninguém queria porque era considerado quase impossível de realizar. Apesar de querer proteger sua equipe já sobrecarregada, ele não conseguiu e se sentiu oprimido. Assim que a reunião terminou, Robert seguiu direto para o frio do inverno de Illinois e deu várias voltas ao redor do depósito para se acalmar. Enquanto andava, a neuroquímica do seu cérebro mudou e o ajudou a passar de furioso para frustrado e depois de nervoso para curioso sobre como seria possível realizar aquele projeto que havia sido jogado no colo dele. Quase no fim da caminhada, Robert percebeu como eles poderiam concluir a tarefa de uma forma que nunca tinha sido levada em consideração. Ele voltou rapidamente para o escritório, rascunhou um plano e começou a obter a aprovação das partes interessadas. Essa abordagem levou à transformação do negócio e criou a base para a transformação digital da empresa. Tudo porque, em vez de pedir demissão, ele "deu uma caminhada".

As dicas de Dale Carnegie para superar conflitos

- Tente sinceramente enxergar as coisas do ponto de vista do outro.
- Não se apegue a pormenores.
- Coopere com o inevitável.
- Decida quanta ansiedade algo merece e se recuse a dar mais que o necessário.
- Quando a vida nos dá limões, tente fazer uma limonada.
- Nunca tente se vingar dos seus inimigos.

Este não é um livro focado em conflitos. Ele se concentra em fazer conexões com os outros. E lembre-se de que começamos este capítulo falando que conflitos acontecem tanto dentro do nosso cérebro quanto no mundo exterior, com outras pessoas. Durante um conflito, é claro que não estamos fazendo conexões.

E, na verdade, o conflito é como um ácido que corrói as conexões que fizemos com as outras pessoas. Ele causa desconfiança, destrói o respeito e pode minar nossa credibilidade. Em vez de negligenciar ou se desconectar por causa de um conflito, que tal ser maduro e construir uma ponte para atravessar a discordância e voltar a uma relação produtiva? É assim que cultivamos nossas conexões.

PONTOS PRINCIPAIS

- O conflito existe dentro de nós e com os outros.
- O conflito tem origem no PRIDE: Processo, Responsabilidade, Impasses interpessoais, Direção e Exigências externas.
- Aqui estão seis razões pelas quais surgem discordâncias:
    1. não escutamos um ao outro.
    2. valores/crenças diferentes.
    3. estilos de personalidade.
    4. perspectivas diferentes.
    5. diferenças geracionais/culturais.
    6. simplesmente não gostamos um do outro.
- Aqui estão nove passos para trazer o conflito à tona:
    1. aborde o problema quando os ânimos não estiverem exaltados;
    2. escolha um ambiente neutro;
    3. trate o conflito como um problema da equipe, quando adequado;
    4. convide para o diálogo com uma abordagem amigável;
    5. use perguntas abertas;
    6. use mensagens focadas em "eu" ou com sujeito indeterminado, em vez de mensagens com "você";
    7. fale do problema, não da pessoa;
    8. pare de falar e ouça;
    9. aja de acordo com o que ouvir para ganhar e manter a confiança.
- Para solucionar conflitos, precisamos buscar ativamente as áreas em que concordamos para encontrar algum ponto em comum, mesmo que ele seja apenas "concordar em discordar".
- A segurança psicológica é uma condição em que os seres

humanos se sentem incluídos e seguros para aprender, contribuir e desafiar o status quo, tudo isso sem medo de serem constrangidos, marginalizados ou punidos de alguma forma. Ela é uma precursora da resolução de conflitos.

8

Escuta empática – Cultivando humildade suficiente para ouvir

– Ernie, você não está me escutando.

A esposa de Ernie estava de pé na frente dele, com as mãos no quadril, irritada.

– Estou, sim. Você estava me falando sobre a sua irmã e o primeiro dia dela no trabalho e que ela se perdeu no caminho para o banheiro feminino e acabou entrando no masculino.

– Isso não é escutar, é repetir o que eu acabei de dizer. Você pode até estar me ouvindo, mas sei que está prestando atenção na corrida na outra sala.

– Não estou, não.

(Sim, ele estava.)

– Me diz uma coisa: quem está vencendo?

– A Ferrari.

Ernie sabia que estava em apuros com essa linha de questionamentos.

– Certo, então onde minha irmã trabalha? Qual é o novo emprego dela?

– Ahnnn... – Ernie sabia que tinha sido pego. – Desculpe, querida. Você tem razão. Vou desligar a TV na sala ao lado e vou escutar e prestar atenção dessa vez.

É possível se conectar com os outros sem escutá-los? Você já teve uma conversa em que se sentiu tão ouvido a ponto de ter uma conexão emocional com a outra pessoa? Quem já passou por essa experiência sabe que alguém prestar atenção, escutar e não deixar o que dizemos entrar por um ouvido e sair pelo outro pode fazer toda a diferença. Muitas vezes, escutamos com o objetivo de poder dizer algo que demonstre que entendemos, de poder ajudar o outro oferecendo conselhos inovadores ou de simplesmente dar nossa opinião.

Infelizmente, escutar outra pessoa exige humildade para reconhecer que não vamos compreendê-la totalmente até que ela termine o que tem a dizer. E 9 entre 10 conselhos que damos são coisas que ela já sabe.

Escutar e ouvir

"Mas eu já sei escutar muito bem. Sou capaz de repetir tudo que uma pessoa me diz, palavra por palavra!"

Existe uma diferença enorme entre ouvir e escutar. Claro, você pode ser capaz de ouvir e repetir as palavras que alguém proferiu. Mas isso significa que você *escutou*? Não necessariamente.

Ouvir é involuntário. É o que acontece quando as vibrações sonoras de expressões vocais chegam aos seus tímpanos. Você provavelmente já passou por muitas ocasiões em que não queria ouvir algo, mas não conseguiu ignorar o som.

Escutar envolve ouvir, mas também compreender. É uma atividade participativa, o que significa que, para a escuta acontecer, você precisa interagir e participar. Exige concentração e atenção, para que você consiga analisar o que está ouvindo e atrelar um significado às palavras.

Todos nós já participamos de uma conversa em que a outra

pessoa repetia exatamente o que tínhamos acabado de dizer, mas ficava nítido que ela ainda não havia entendido a mensagem que pretendíamos transmitir. Na verdade, a técnica de "repetir o que a pessoa acabou de dizer" é ensinada como uma habilidade de escuta, sob a forma de "escuta ativa".

Aqui vai um exemplo. Duas amigas conversam sobre trabalho. Uma está na área de tecnologia da informação (TI) e a outra, não.

A amiga de TI diz:

– O trabalho é muito legal. Estamos criando um novo SSL para VPN que vai aumentar a mobilidade BYOD e oferecer conectividade integrada ao mesmo tempo que protege os recursos da empresa. Mal posso esperar para ficar pronto.

A amiga que não trabalha com TI talvez seja capaz de repetir o que ouviu. "SSL", "VPN", "mobilidade BYOD". Porém, a menos que compreenda esses termos, ela não tem a menor ideia do que a outra disse ou do que tudo isso significa. E não é apenas a terminologia técnica que faz diferença. Como a amiga se sente ao falar sobre esse assunto? O que a informação significa para ela? Só porque alguém fala e você ouve as palavras não quer dizer que esteja escutando e compreendendo de verdade.

A maioria das pessoas diria que sabe escutar. Na verdade, em avaliações 360 graus de gerentes (em que o gerente é avaliado pelo superior, pelos colegas e pelos subordinados diretos), costuma ser observada uma diferença enorme entre a forma como o gerente se autoavalia como ouvinte e a avaliação das outras pessoas. Em outras palavras, você pode ACHAR que é um excelente ouvinte. Mas será que é mesmo?

Aqui está um teste que compartilhamos em outro livro desta série, o *Escute!*, e que pode ajudar você a avaliar as próprias habilidades de escuta.[5]

Você está me escutando agora?

Responda às questões de acordo com a escala a seguir (tente ser o mais sincero possível).

Nunca   Raramente   Às vezes   Com frequência   Com muita frequência

1. Quando estou conversando ao telefone, consigo responder a e-mails e mensagens ao mesmo tempo.

2. Ao escutar outra pessoa, começo a ficar nervoso e reagir de forma emotiva.

3. Fico desconfortável com momentos de silêncio durante conversas.

4. Se considero relevante compartilhar uma história, interrompo a outra pessoa para contá-la e depois deixo que ela volte a falar.

5. As pessoas parecem ficar nervosas durante algumas conversas comigo, e isso acontece do nada.

6. Para manter o ritmo da conversa, faço perguntas que podem ser respondidas com um simples "sim" ou "não".

7. Banco o "advogado do diabo" para levar a outra pessoa a ver um lado diferente do que ela defende.

8. Se alguém quer falar sobre o mesmo assunto o tempo todo, digo o que ele quer ouvir para cortar o papo.

9. Enquanto escuto, fico pensando no que vou responder para a outra pessoa.

10. Fico incomodado quando as pessoas falam de assuntos delicados comigo.

11. Se outra pessoa tem uma opinião diferente em relação a algo do qual tenho muita convicção, evito entrar nesse assunto.

12. Não presto muita atenção em detalhes como o ambiente da conversa ou a linguagem corporal. O que importa é o que a outra pessoa está falando.

13. Se a outra pessoa tem dificuldade para dizer algo, ofereço sugestões.

14. Se estou fazendo algo e sou interrompido por alguém que quer conversar, fico impaciente, desejando que a pessoa termine logo para que eu volte à minha tarefa.

Para saber sua nota, use a seguinte pontuação para cada resposta:

Nunca = 1 ponto
Raramente = 2 pontos
Às vezes = 3 pontos
Com frequência = 4 pontos
Com muita frequência = 5 pontos

INTERPRETAÇÃO DA NOTA
14-29: Medalha de ouro
Você já é um ótimo ouvinte. Tem a capacidade de fazer as pessoas

se sentirem ouvidas e desejarem chamá-lo para conversar. Você permanece emocionalmente presente e oferece sua atenção total às pessoas. Mas se esforce para continuar crescendo e evoluindo.

30-49: Medalha de prata

As pessoas gostam de conversar com você, mas às vezes, quando o assunto fica incômodo ou ganha uma carga emocional, você muda o tema ou faz uma piada. As ferramentas e ideias neste livro o ajudarão a continuar crescendo e se tornar um ouvinte ainda mais eficiente.

50-70: Medalha de bronze

Se você está nesta categoria, talvez acredite ser um ouvinte melhor do que realmente é. Talvez esteja passando para as pessoas a impressão de que não se importa com o que elas dizem, ou pode interpretar as coisas do jeito errado com frequência. Mas não se preocupe. As coisas que aprenderá neste livro com certeza o ajudarão a se tornar um ouvinte melhor.

Os sete tipos de ouvinte

Era uma reunião trimestral com toda a empresa, e a CEO começou a desconfiar de que algumas pessoas na chamada de vídeo não estavam escutando de verdade o que ela estava dizendo.

Ben estava com uma cara de quem preferia estar em outro lugar, olhando para baixo, para seu celular, e mexendo os dedos freneticamente.

Carolyn estava com a cabeça nas nuvens. Olhava para a câmera, mas com uma expressão totalmente vazia.

Enquanto a CEO explicava o raciocínio por trás dos números de vendas trimestrais, David a interrompeu: "Isso teve muito a ver com os preços dos combustíveis, que foram afetados pelo conflito no Oriente Médio." Ele se reclinou e sorriu, e a CEO reparou que várias outras pessoas estavam literalmente revirando os olhos para ele.

Leah murmurou apenas "Tanto faz", tão baixinho que quase ninguém ouviu.

Dan estava de braços cruzados, franzindo a testa.

– Não quero ser mal-educado, mas será que tudo isso não poderia ter sido um e-mail? Não sei por que estamos perdendo nosso tempo com uma reunião sobre esse assunto.

– Na verdade, DAN, pesquisas mostram que as informações apresentadas com o uso de várias modalidades são absorvidas com mais eficácia do que se você apenas ler um e-mail – disse Margaret, fuzilando a câmera com o olhar.

– Tenho uma pergunta. – Ana levantou a mão. – Estamos planejando lançar a nova plataforma no próximo trimestre, certo? Como esses números afetam o lançamento?

Quantas vezes aconteceu de você estar falando e se deparar com alguém como os participantes dessa reunião? Quantas vezes VOCÊ foi um desses ouvintes?

O exemplo anterior ilustra os sete tipos de ouvinte identificados pela Dale Carnegie Training.

- Os distraídos
- Os de corpo presente
- Os intrometidos
- Os indiferentes
- Os combativos
- Os terapeutas
- Os engajados

Os seis primeiros tipos são menos eficientes do que o último. Aqui vai uma descrição mais detalhada de cada um deles.

Os distraídos

Ben é um distraído clássico. Ficar batendo os dedos e olhando para o relógio mostram ao falante que ele não está oferecendo sua atenção completa. Essas pessoas passam a impressão de estar com pressa e vivem olhando ao redor ou fazendo outra coisa. Também conhecidas como multitarefas, elas não conseguem ficar sossegadas e escutar.

Os de corpo presente

No exemplo, Carolyn é uma ouvinte de corpo presente. A CEO falava, mas ela sonhava acordada em vez de prestar atenção. Essas pessoas estão do seu lado no sentido físico, mas não no mental. Dá para perceber pela inexpressividade no rosto delas. Ou estão perdidas em devaneios, ou estão pensando em algo completamente diferente.

Os intrometidos

David é um intrometido. Ele só estava esperando a oportunidade de se meter na conversa e falar. Essas pessoas estão prontas para dar um palpite a qualquer momento. Elas ficam de orelha em pé, esperando apenas você fazer uma pausa para completar sua frase. Não é que prestem atenção no que você diz. Elas se concentram em tentar adivinhar o que você vai dizer e no que elas querem responder.

Os indiferentes

Leah é uma indiferente clássica. Mesmo que não diga isso com todas as letras, sua linguagem corporal e seu comportamento indicaram para a CEO que ela não estava nem um pouco interessada no que ela dizia. Essas pessoas permanecem distantes e demonstram pouca emoção enquanto escutam. Não parecem se importar nem um pouco com nada do que você diz.

Os combativos

Ficou bem claro que Dan era um combativo. Hostil e grosseiro, o ouvinte combativo não escuta para compreender. Ele escuta para coletar munição para usar contra você. Essas pessoas estão armadas e prontas para a guerra. Elas gostam de discordar e culpar os outros.

Os terapeutas

Margaret é do tipo terapeuta. É provável que ela não tenha a menor ideia de que o próprio estilo de escuta é ineficiente. Essas pessoas se colocam sempre no papel de conselheiro ou terapeuta, prontas para oferecer respostas que ninguém pediu. Elas acham que são ótimas ouvintes e adoram ajudar. Vivem no modo analisar-o-que-o-outro-fala-e-resolver-o-problema.

Os engajados

Por fim, Anna é exemplo de um ouvinte engajado. Essas pessoas escutam com uma atenção consciente. Escutam com os olhos, os ouvidos e o coração e tentam se colocar no lugar do falante. Isso é a escuta no seu auge. As habilidades delas como ouvintes incentivam você a continuar falando, descobrir suas soluções e deixar suas ideias se desenvolverem.

Qual tipo é mais eficiente em fazer conexões? No geral, é o último, embora existam momentos em que os terapeutas sejam necessários e procurados. Mas até que as soluções sejam pedidas, é melhor focar em se engajar.

Sem tempo para escutar

Tom Mangan fala sobre um equívoco comum a respeito da escuta.

> Muitas vezes, as pessoas me dizem que não têm tempo de se sentar e escutar os outros. "Estou ocupado. Tenho coisas urgentes para fazer."
>
> A resistência que encontro com frequência principalmente nas aulas de liderança vem de pessoas dizendo: "Não tenho tempo para uma conversa assim." Mas não precisa ser uma conversa longa. Podem ser simplesmente pequenos pontos de contato. São necessários apenas 30 segundos a 2 minutos para fazer uma pergunta e escutar a resposta.
>
> É uma questão de simplesmente se desligar de todo o resto e dar atenção total a alguém. Vivemos em um mundo com telas e pop-ups e todas essas coisas competindo pela nossa atenção. Precisamos fazer o outro se sentir valorizado, e não como se estivesse nos atrapalhando.
>
> Quando entramos no escritório de alguém e a pessoa pergunta "o que foi?" e continua digitando no computador ou olhando para o telefone, isso ajuda nas conexões que estamos tentando criar? Quase sempre a resposta é não. Então não façamos isso com os outros.

Ninguém consegue ser um ouvinte engajado o tempo todo.

Nós já falamos sobre perguntas abertas. Esse é o tipo de pergunta que provoca respostas completas e pede que o interlocutor responda com mais profundidade e reflexão. Elas incentivam ideias e permitem que nos aprofundemos em um assunto para entender melhor o ponto de vista do outro. Existem também as perguntas fechadas, que são úteis para encerrar uma discussão ou passar para outro tópico. Ouvintes habilidosos sabem que uma pergunta fechada no momento errado pode encerrar uma discussão valiosa e que iniciar a conversa com questões desse tipo levará a uma discussão curta e sem muito valor.

Perguntas abertas:

- No que você pensou para resolver esse problema?
- Qual é o seu raciocínio?
- De que tipos de comida você gosta?
- Você pode me contar mais sobre a sua experiência?

Perguntas fechadas:

- Você gosta dessa cor?
- Sua comida favorita é a chinesa?
- Alguém tem alguma dúvida?
- Seu cachorro morde?

"Se você já sabe, NÃO há curiosidade, NÃO há aprendizado, NÃO há escuta, NÃO há conexão."
– Jonathan Vehar

O valor da humildade

Pesquisas – além da nossa experiência de trabalho com líderes, equipes excelentes, pessoas com quem gostamos de conviver e alunos excepcionais – mostram que a humildade está na base de muitos pontos fortes: a capacidade de ser treinado, buscar novas perspectivas, escutar de forma eficaz, tolerar a ambiguidade ou estar aberto a novas ideias. A humildade não é uma ação, é uma forma de ser. É um estado de espírito contínuo que exige que você verifique constantemente se está sendo um sabe-tudo (nada atraente) ou se está reconhecendo que não tem todas as informações sobre o outro, o que significa que há uma oportunidade de aprender, ter empatia e construir uma conexão. Pessoas que demonstram humildade:

- Não acham que sabem tudo, por isso são curiosas, capazes de aprender e, a partir disso, criar novas conexões que podem ser úteis.
- São mais fáceis de lidar do que indivíduos arrogantes, então os outros têm mais propensão a querer se conectar com elas.
- Não precisam receber todo o crédito, então os outros estão dispostos a ajudá-las, já que sabem que serão reconhecidos pelo que fizerem. Isso cria uma sensação de colaboração para realizar mudanças e de cooperação, o que torna nossas conexões ainda mais fortes.

O que tudo isso tem a ver com ouvir? Simples. Quando assumimos uma postura de "sabe-tudo" durante uma conversa, não escutamos de verdade. Se tivermos uma postura humilde, podemos nos mostrar mais presentes, porque não estamos tentando resolver problemas ou interromper o outro para demonstrar nosso brilhantismo. Estamos aproveitando a oportunidade de aprender com a outra pessoa. Quando entramos em um estado de "não saber", é aí que realmente escutamos.

Portanto, essa é a mentalidade para escutar. Agora, aqui estão algumas ferramentas para nos ajudar com a nossa escuta.

A escada da escuta

Em nosso livro *Escute!*, compartilhamos uma técnica para aprender a ser um ouvinte melhor. Identificamos três tipos de perguntas que se complementam.

1. Perguntas básicas

Elas determinam informações básicas.

- A que horas o próximo ônibus está programado para chegar?
- Quanto dinheiro sobrou do orçamento?
- O refeitório está servindo batata frita hoje?

2. Perguntas elaboráveis

Perguntas elaboráveis obtêm mais detalhes sobre as informações básicas que já descobrimos.

- Você sabe para onde o ônibus vai depois da próxima parada?
- O dinheiro que sobrou do orçamento foi alocado para alguma coisa específica?
- O que mais tem no cardápio?

3. Perguntas avaliatórias

As perguntas avaliatórias permitem que a outra pessoa compartilhe seus pensamentos e opiniões.

- Que artistas ou bandas você adoraria ver e ouvir ao vivo?
- Tenho algumas preocupações a respeito dessa estratégia. Quais vantagens você vê nela?
- Que melhorias você faria nesse produto para ajudar a aumentar as vendas?

Além disso, no capítulo 9 do *Escute!*, explicamos que, na *innerview*, existem três tipos de perguntas:

1. Perguntas factuais

Perguntas típicas para puxar conversa, que giram em torno de informações factuais.

- Onde você cresceu?
- Onde você estudou?
- Como vocês dois se conheceram?

2. Perguntas causais

Essas perguntas determinam o motivo ou as causas por trás de algumas das respostas às questões factuais.

- O que levou seus pais a se mudarem para lá?
- Por que você escolheu essa escola específica?
- Como você acabou vindo trabalhar aqui?

3. Perguntas baseadas em valores

Essas perguntas permitirão que você entenda melhor o enquadramento do interlocutor.

- Conte-me sobre alguém que teve um grande impacto na sua vida.
- Se você tivesse que fazer tudo de novo, o que faria de maneira diferente?
- Qual foi a parte mais difícil da sua vida? Como conseguiu atravessá-la?

Agora é hora de treinar o que aprendemos. Determine os tipos de perguntas a seguir. As respostas estão no rodapé desta página.

A. "A que horas é a reunião?"
B. "Como você furou o pneu?"
C. "Você prefere o azul ou o vermelho?"
D. "Por que você se tornou vegetariano?"
E. "Qual é o processo para pedir peças de reposição?"
F. "Qual carro você gostou mais de dirigir?"

_____ Básica
_____ Avaliatória
_____ Elaborável
_____ Factual
_____ Causal
_____ Baseada em valores

A. Factual. B. Causal. C. Avaliatória. D. Baseada em valores. E. Básica. F. Elaborável.

As perguntas que fazemos se originam no enquadramento pelo qual vemos o mundo e também o determinam. Como aprendemos, são nossos enquadramentos e filtros que criam ou impedem conexões significativas com os outros. Para realmente escutar e entrar no enquadramento de outra pessoa, precisamos ser capazes de fazer perguntas significativas e adequadas. Quando combinamos essas habilidades de questionamento com os elos de conversa (lembra-se da placa de identificação na casa dos sonhos?), isso nos permite ir mais a fundo para criar conexões substanciais e com nuances.

David Kabakoff conta uma história sobre como podemos aprender coisas incríveis ao simplesmente escutar os outros.

Eu estava dando um workshop com 85 pessoas na sala. Havia dois senhores mais velhos que se conheciam havia mais de 30 anos. Em dado momento, descobriu-se que ambos eram veteranos da Marinha que tinham sido torpedeados na guerra e nunca souberam dessa informação um a respeito do outro!

A diferença entre escuta e escuta empática

Neste capítulo, até agora falamos sobre habilidades de escuta. Elas são fundamentais para entender de verdade o que alguém está dizendo. No entanto, para realmente nos conectarmos com o outro, precisamos dar um passo além da compreensão. Temos que ouvir com empatia. Mas o que exatamente é empatia?

Os autores Larry Pate e Traci Shoblom, em um capítulo publicado em *Organizing Through Empathy* (Organizando-se através da empatia, em tradução livre), escrevem: "De acordo com o Modelo de Ação de Percepção, a empatia é definida como uma experiência emocional compartilhada que ocorre quando uma pessoa (o sujeito) passa a sentir uma emoção semelhante à de outro (o objeto) como resultado da percepção do estado do outro. Esse processo resulta do fato de que as representações do estado emocional do sujeito são ativadas automaticamente quando ele presta atenção no estado emocional do objeto."[6]

Em outras palavras, escutar para entender é uma coisa. Escutar para ter empatia tem a ver com ser capaz de se identificar com o outro. Isso envolve silenciar as vozes na nossa cabeça que dizem "Que pena que isso aconteceu com você", por exemplo, e reenquadrar o pensamento para: "Como eu me sentiria se isso acontecesse comigo?" Mais uma vez, relembramos o princípio 17 de Dale Carnegie, que diz: "Faça um esforço sincero para enxergar as coisas da perspectiva do outro."

Não só ouça, escute

Portanto, da próxima vez que você estiver participando de uma conversa com o objetivo de construir, manter ou restabelecer uma conexão, concentre-se em escutar a perspectiva do outro. Estabeleça a intenção de não apenas falar, mas também – o que é ainda mais importante – de escutar para saber o que o outro está dizendo e o que dentro dele está alimentando aquela fala.

Nunca é demais enfatizar a importância de saber ouvir com a intenção de aprender e de se colocar no lugar do outro. O problema é que a maioria de nós acha que somos ótimos ouvintes. A realidade é que precisamos de humildade para reconhecer que podemos melhorar nesse aspecto e aplicar nossas ferramentas para escutar da perspectiva de "não saber". Quando temos a sensação de que estamos sendo ouvidos, nos sentimos reconhecidos, valorizados e importantes. E isso cria conexões.

Neste capítulo, falamos sobre como é preciso ter humildade e disposição de se abrir e de interagir com os outros a partir da perspectiva deles para ser um ouvinte empático eficaz. No próximo, falaremos sobre como fazer isso quando não temos a oportunidade de estar na presença deles.

PONTOS PRINCIPAIS

- Há uma diferença entre ouvir e escutar. Escutar significa realmente entender e interagir com a mensagem.
- Existem sete tipos de ouvintes. O "engajado" é o tipo ideal.
- A humildade é importante ao escutar. É muito fácil julgar o que o outro está dizendo enquanto o escutamos.
- Há situações em que perguntas fechadas (do tipo com resposta sim ou não) são adequadas, mas, para se conectar com outras pessoas, use perguntas abertas.
- Há seis tipos de perguntas:
    - Básica
    - Elaborável
    - Avaliatória
    - Factual
    - Causal
    - Baseada em valores
- Essas perguntas se complementam para formar a escada da escuta.
- No entanto, para nos conectarmos de verdade com o outro, precisamos ir além da compreensão. Temos que escutar com empatia.

9
Conexões virtuais

– Alô? Você está aí? Estou vendo seu nome, mas seu microfone e sua câmera não estão ligados.
Ernie odiava reuniões virtuais. Mas, hoje em dia, não há como fugir delas.
– Tente sair e voltar. Veja se isso ajuda.
Não é que Ernie se sentisse desconfortável com a tecnologia. Afinal, ele trabalhava com vendas para uma empresa de tecnologia. Mas grande parte do seu trabalho era formar relacionamentos e conexões com outras pessoas, e era muito difícil fazer isso quando só dava para ver o rosto delas em uma tela com um fundo virtual. Muitas das coisas que ele costumava usar para estabelecer conexões, como itens pessoais na mesa de trabalho, não estavam presentes nas reuniões virtuais. Em boa parte do tempo, em reuniões com muita gente, as pessoas ficavam com a câmera desligada ou claramente se dedicando a uma atividade paralela.
Tinha que haver um jeito melhor de se conectar com os outros quando não estavam todos na mesma sala.

No capítulo anterior, demos um exemplo de uma reunião trimestral virtual conduzida por uma CEO. Cada vez mais gente está participando desse tipo de reunião.

Se em 2019 alguém tivesse falado para a maioria dos leitores deste livro que todos passaríamos a usar máscaras e a fazer nosso trabalho de forma remota por vários meses, teríamos pensado que essa pessoa estava louca. Mas, claro, foi exatamente isso que aconteceu. Talvez o mundo já estivesse se movendo na direção dos locais de trabalho virtuais, mas sem dúvida a pandemia de 2020 acelerou como um trem-bala a chegada da nova era. E parece que essa era chegou para ficar. Com o surgimento de locais de trabalho de realidade virtual e reuniões realizadas com avatares e plataformas como Zoom, WebEx e muitas outras, todos nós estamos sendo obrigados a aprender novas maneiras de interagir.

Frank Starkey conta uma anedota sobre como aprendeu a se conectar com outras pessoas enquanto está usando máscara.

Quando a pandemia começou, estávamos todos usando máscaras. Enquanto isso, tento transmitir um sorriso abrindo bem os olhos. Imagine alguém usando uma máscara e, sem poder sorrir com a boca, arregalando os olhos ao máximo. Eu estava assustando as pessoas! Enfim percebi que o segredo não era arregalar os olhos, mas usar a voz. Compare minha técnica com a da minha esposa, que é a personificação do princípio número 5 de Dale Carnegie: "Sorria." Quero dizer, ela faz amigos com muita facilidade porque tem um sorriso contagiante, que chega até os olhos. Já eu arregalo os olhos e tudo o que as pessoas veem são duas bolas de gude esbugalhadas por cima da máscara. Muito bom.

Frank não está sozinho. Quantas vezes você tentou sorrir para um estranho ou um colega de trabalho por trás da máscara e percebeu que só assustou a pessoa, porque ela não estava vendo seu sorriso e pensou que você a encarava?

Escutando sem palavras

Se estivermos em uma situação em que não conseguimos ver o rosto do outro por inteiro (ou, no caso da realidade virtual, não o vemos de jeito algum), como podemos nos conectar por meio da escuta? Em outro livro desta série, *Escute!*, falamos sobre como escutar sem palavras. Trata-se de usar a comunicação não verbal.

Dizem que quando o que estamos dizendo e a forma como dizemos estão em conflito, apenas 7% da mensagem que transmitimos é baseada nas palavras que falamos, 38% se baseiam em inflexões de voz e 55%, em comportamento não verbal. Embora os números variem dependendo da fonte, é claro que podemos escutar muita coisa apenas observando fatores além das palavras de uma pessoa.

No cenário acima, Frank deixava os outros desconfortáveis ao arregalar os olhos. Sua esposa fazia com que eles ficassem mais à vontade sorrindo com os olhos.

A comunicação não verbal é qualquer coisa que se comunica que não seja uma palavra.

Antes de passarmos tanto tempo no Zoom, usávamos o telefone ou o e-mail se não pudéssemos nos conectar presencialmente. As videoconferências inauguraram uma nova maneira de se conectar e, como ocorre com todas as novas tecnologias, ainda estamos nos ajustando para usá-las de forma eficaz e poderosa. Isso vale até para quem já usa essas ferramentas há anos. O que as plataformas de reuniões por vídeo permitiram é a capacidade de ver a outra pessoa (ou pelo menos parte dela) enquanto nos conectamos. Embora acarrete alguns desafios, como a chamada "fadiga do Zoom", isso também nos possibilita melhorar radicalmente a qualidade da conexão, quando se compara a falar ao telefone ou por e-mail.

E é claro que, com a oportunidade de ver o outro, é importante que façamos isso de forma eficaz, para evitar interpretações erradas de uma situação e garantir que estamos construindo uma conexão forte.

Os 10 mandamentos da observação

Em seu livro *O que todo corpo fala*, o ex-agente do FBI e especialista em linguagem corporal Joe Navarro oferece 10 regras fundamentais de observação para usar em comunicações não verbais. Com base nelas, chegamos às seguintes:

1. Você precisa ser um observador competente. Isso significa que tem que olhar à sua volta e observar o mundo ao redor constantemente.
2. Você precisa interpretar todas as comunicações não verbais usando o contexto. O contexto vem da totalidade do que está acontecendo na vida daquela pessoa.
3. É importante determinar se um comportamento está vindo do cérebro ou da cultura.
4. Os comportamentos são exclusivos desse indivíduo? A maioria das pessoas apenas repete certos comportamentos.
5. Se você estiver observando comunicações não verbais que são indicativas de pensamentos, sentimentos ou intenções, é melhor procurar grupos de comportamentos em vez de se basear em um único sinal.
6. Pergunte a si mesmo: "Qual é o comportamento normal para esta pessoa ou nesta situação?"

7. Pergunte-se também: "Quais comportamentos são um desvio da norma?"
8. Concentre-se na primazia. Ou seja, considere que as expressões mais imediatas são as mais confiáveis e use essas informações ao analisar a comunicação não verbal.
9. As observações que fazemos não devem ser invasivas.
10. Sempre que observar um comportamento, se não tiver certeza do que ele significa, aloque-o em uma de duas categorias. Ele parece confortável ou desconfortável? Todo comportamento é uma exibição de conforto ou de desconforto.

O corpo fala

Pelo fato de uma parte tão importante da escuta envolver a observação de sinais não verbais, é útil saber no que prestar atenção. Mais uma vez, é essencial considerar esses itens dentro do contexto dos 10 mandamentos.

Aqui estão alguns fatores interessantes que você pode notar para saber se alguém está confortável ou desconfortável ao se comunicar com você, nos casos em que não for possível ver o corpo inteiro da pessoa.[7] Use esses sinais quando estiver estabelecendo conexões com os outros e tenha consciência do que você está sinalizando involuntariamente para o interlocutor por meio da sua linguagem corporal.

Braços

Uma das maneiras mais poderosas de usar os quadris são os chamados *braços akimbo*. Na maioria das vezes, quando você vir alguém parado com as mãos nos quadris, os cotovelos apontando para fora, as pernas ligeiramente afastadas, esta é uma exibição territorial. É isso que vemos quando alguém está no comando, no controle da situação. É uma posição de muita autoridade. Também pode indicar um problema com a situação. Embora não seja possível visualizar os braços akimbo por completo sem enxergar a parte inferior do corpo de alguém, podemos ver uma versão disso quando a pessoa apoia os braços na mesa em uma postura de domínio.

Cruzar os braços pode ter tanto uma conotação positiva quanto negativa. Para determinar qual é o caso, é preciso observar quanto o interlocutor os está apertando. Quando uma pessoa está conversando de braços cruzados e os apertando bastante, isso costuma indicar algo muito ruim.

Caso contrário, não necessariamente associe essa posição a uma coisa negativa. É possível cruzar os braços, inclinar-se para trás em uma cadeira e ficar muito relaxado. Quando estamos em um ambiente social onde há outras pessoas ao nosso redor, obtemos certo conforto cruzando os braços no peito e assim por diante.

Às vezes, quando queremos criar uma barreira psicológica, colocamos um objeto como um travesseiro, um cobertor ou um casaco sobre os braços ou o tronco.

Mãos

As mãos são um dos melhores indicadores de mensagens não verbais. Quando juntamos o polegar e os dois primeiros dedos, podemos indicar precisão. É possível falar sobre algo expansivo abrindo as mãos, estendendo-as e esticando totalmente os dedos. Quando usamos mãos expressivas, somos transportados a um cenário diferente. Perceba que os políticos fazem muito isso.

A posição de *mãos em torre* é quando juntamos as pontas dos dedos, mas as palmas não se tocam, de modo que nossos dedos ficam parecendo um campanário de igreja. Na verdade, posicionar as mãos em torre é a postura mais poderosa que temos para demonstrar confiança. Ela mostra que estamos muito convictos do que estamos falando.

Ombros

Imagine uma adolescente sendo questionada: "Seu irmão já voltou da escola?" Ela eleva um pouco o ombro e diz: "Não sei." Agora, compare isso com a seguinte reação: ela curva os ombros, vira as palmas das mãos para cima e diz: "Não sei." Qual é mais crível? Quando alguém curva ou encolhe os ombros, não tem certeza do que está dizendo ou do que está ouvindo. Ombros para trás podem indicar confiança, inclinar-se para a frente pode indicar interesse.

Pescoço

O pescoço é um dos lugares em que tendemos a tocar para nos acalmar quando estamos estressados. Massagear a nuca enquanto se fala é um indicador clássico de desconforto.

Quando as mulheres se sentem inseguras, angustiadas, ameaçadas ou às voltas com algum problema, elas cobrem uma pequena área chamada fenda supraesternal – a "covinha do pescoço" – com as pontas dos dedos ou com as mãos.

Cabeça

Esta é outra área que indica se alguém está escutando ou com a qual você pode mostrar ao interlocutor que está prestando atenção. Você está conversando com alguém e, em algum momento, sua cabeça começa a se inclinar para o lado. Se a pessoa tocar em algum assunto no qual você não esteja muito interessado, você vai endireitar a cabeça na mesma hora.

Testa

A testa é uma das partes do corpo que dão sinais claros da nossa ansiedade. É uma área que nos apresenta, em tempo real, uma imagem muito precisa dos pensamentos e dos sentimentos de alguém. Ela pode nos mostrar com muita facilidade e clareza sensações de estresse e de conforto, quando as coisas não estão indo bem ou quando algo está nos incomodando.

Olhos

Embora a maioria das pessoas pense que piscar os olhos é apenas um jeito de lubrificá-los, na verdade este é um mecanismo de bloqueio muito eficaz. Frequentemente, quando ouvimos algo de que não gostamos, fechamos os olhos. Às vezes é só por um décimo de segundo, às vezes um pouco mais, mas uma das formas que o cérebro humano encontrou para se proteger é usar essa tática.

Muitas vezes, quando ouvimos más notícias ou nos dizem algo que nos estressa, fechamos os olhos enquanto processamos essas informações. Portanto, se uma pessoa estiver ouvindo o que você está falando e fechar os olhos, pode não significar que ela não esteja escutando de verdade. Talvez ela não esteja gostando do que você está dizendo.

Sobrancelhas

Este é um clássico gesto cômico para indicar interesse: um homem olha para uma mulher, faz que sim com a cabeça e ergue as sobrancelhas, como se demonstrasse segundas intenções. Essa levantada de sobrancelhas com uma arregalada rápida dos olhos é um sinal de conforto ou interesse.

Imagine que você acabou de conhecer uma pessoa e, quando vai cumprimentá-la, ela não esboça qualquer reação. Em seguida, conhece outra pessoa e, enquanto vocês dão um aperto de mãos, ela olha para você, levanta as sobrancelhas e arregala os olhos por um instante. Qual desses comportamentos indica mais atenção?

Boca

Quando damos um sorriso verdadeiro e sincero, os músculos ao redor dos olhos se envolvem no processo. Em um sorriso genuíno, os cantos da boca se erguem na direção dos olhos, que refletem esse movimento porque seus músculos participam do sorriso. Infelizmente, é assim que obtemos o efeito "pés de galinha".

O sorriso falso – o sorriso social – é aquele que mexe com os cantos da boca na direção das orelhas, mas não envolve os olhos. Esta é uma das formas de identificar emoções genuínas. Os lábios podem desaparecer por causa do alto grau de estresse pelo qual a pessoa está passando. Isso não quer dizer que ela esteja tentando enganar você. Não tem nada a ver com verdade ou mentira. Quando observamos lábios tão comprimidos que desaparecem, isso indica um alto grau de estresse. A compressão labial reflete uma tensão mental e, quando os cantos da boca se curvam para baixo, então as emoções estão realmente negativas.

Morder o lábio e a bochecha também pode ter diferentes conotações. É por isso que é tão importante levar o contexto em conta durante essas observações. Por exemplo, George W. Bush costumava morder o interior da bochecha quando estava muito nervoso ou ansioso, e Bill Clinton tinha uma tendência a morder o lábio inferior para demonstrar sua sinceridade.

Queixo

Todos nós já vimos o movimento clássico do professor ou terapeuta: tocar o queixo ou acariciar a barba (real ou imaginária). Tocar o queixo está associado a um estado pensativo, à reflexão, ao raciocínio e à precisão de ideias.

Mas isso deve ser diferenciado de pessoas que encostam no rosto, especialmente ao redor da linha do maxilar. Temos uma tendência a nos acalmarmos tocando na mandíbula e costumamos mostrar que estamos pensando em alguma coisa ao encostar em uma área estreita, com cerca de cinco centímetros de largura, no queixo.

A mandíbula também pode nos dar informações sobre confiança ou insegurança. Quando estamos fortes e confiantes, nosso maxilar se destaca. Quando estamos fracos e inseguros e quando nos falta autoconfiança, encolhemos o queixo.

Ajeitar-se

Vemos isso em todo o reino animal. Os animais "se ajeitam" como um esforço para parecerem atraentes para o sexo oposto. Os humanos também são animais, mas, em vez de afofar as penas, ajeitamos o cabelo, os óculos, as joias ou a gravata.

Ajeitar-se desse jeito envia uma mensagem muito relevante para as pessoas ao redor. De forma inconsciente, isso passa a seguinte mensagem: "Você é importante o suficiente para eu gastar essa energia para me recompor e me ajeitar para você." Também existem comportamentos negativos de arrumação. Vemos isso nos filmes. Um vilão está tentando intimidar outro personagem e, enquanto fala com ele, começa a tirar fiapos da roupa do outro ou a ajeitar os óculos dele. É um sinal de desrespeito. Quando a outra pessoa permite que esse comportamento continue, é um forte indicativo de que ela não tem poder na situação.

Comportamentos pacificadores

Tendemos a pensar nesses comportamentos como algo que os bebês fazem para se acalmar, como chupar o dedo ou enrolar o cabelo. Embora os vejamos em crianças pequenas, os comportamentos pacificadores continuam na idade adulta. Aqui estão alguns exemplos. Se você vir uma pessoa fazendo isto, significa que ela está ansiosa.

- Esfregar a testa
- Mexer no cabelo
- Esfregar o nariz
- Massagear o nariz
- Cutucar o lábio superior
- Acariciar o queixo
- Massagear as orelhas
- Puxar o lóbulo da orelha
- Girar um lápis
- Abrir um clipe
- Manusear um elástico
- Esfregar os dedos
- Manusear joias (girar um anel ou puxar um colar)

Tenha em mente que não queremos sugerir que isto valha em todo e qualquer caso ou que você deva memorizar e interpretar todos esses comportamentos sem uma análise mais profunda. Na verdade, podemos emitir vários sinais conflitantes ao mesmo tempo. Para construir conexões, podemos perguntar ao outro sobre o comportamento dele para obter esclarecimentos.

Cam Robertson observa que, durante anos, ouviu comentários dizendo que, quando está pensando, parece zangado. "Sim! Eu franzo a testa quando estou me concentrando em alguma coisa ou raciocinando sobre uma questão. Chefes e colegas já me perguntaram: 'Você está com raiva de alguma coisa?' E eu explico que essa expressão significa apenas que estou pensando ou me concentrando. Quando percebo que estou fazendo isso – e passar horas a fio no Zoom me ajudou a trabalhar isso –, relaxo minhas sobrancelhas e as levanto um pouco para transmitir interesse, e não raiva."

Usando a comunicação não verbal para demonstrar que você está escutando

Boa parte do que abordamos aqui são formas de observar a comunicação não verbal para escutar – para além das palavras – o que alguém está dizendo.

Mas também é possível usar esses comportamentos para que a outra pessoa saiba que você a está escutando.

Enquanto escuta, você pode usar a comunicação não verbal para suavizar a posição dos outros, usando a sigla SAITOF:

S = Sorrir
A = Abrir a postura
I = Inclinar-se para a frente
T = Tocar
O = Olhar nos olhos
F = Fazer que sim com a cabeça

Usando sinais não verbais

Talvez o melhor uso de sinais não verbais no ambiente virtual seja trazê-los à tona para iniciar um diálogo franco. A outra pessoa está nos dando pistas de como realmente está se sentindo, e podemos usar essas informações para "colocá-la em foco".

Pode ser mais ou menos assim: "Estou sentindo que você não concorda com o que estou dizendo" ou "Você parece estressado. Como está seu dia hoje?". Esse tipo de ponte leva a conexões mais profundas, embora talvez estejamos a meio mundo de distância do interlocutor.

Grace Dagres tem uma história sobre conexões no mundo virtual.

Mesmo quando estou em uma chamada do Zoom, tento me lembrar: "Eu não sou o centro das atenções." Sobre o que a outra pessoa quer falar? O que seria útil para ela ouvir? Porque eu posso falar com minha família o dia todo sobre o que eu quero. Então a questão é descobrir sobre o que a pessoa quer conversar e, em seguida, encontrar pontos em comum. Mas é preciso ter cuidado para não tomar o controle da conversa de volta. Por exemplo, quando estava no ensino médio, meu filho jogava futebol em um time que tinha vencido vários campeonatos estaduais. Então, se eu estivesse falando com uma pessoa e ela dissesse "Ah, sabia que meu filho joga futebol na escola?", eu ficaria tentada a contar tudo sobre o meu filho e o time dele. Em vez disso, digo apenas "Sério? Meu filho também!". E paro. Deixo a outra pessoa continuar falando.

Então, em qualquer ambiente – seja presencialmente, no Zoom ou em qualquer outro lugar –, o importante não é o seu próprio nível de conforto. Não. Nós não somos o centro das atenções. O essencial é fazer com que o outro se sinta confortável. Porque, caso contrário, você não vai fazer uma conexão.

Ajudando os outros a se conectarem no mundo virtual

Tom Mangan dá alguns conselhos para ajudar outras pessoas a se conectarem virtualmente. Eles têm a ver com as perguntas que fazemos para saber mais sobre os outros e, então, com fazer conexões mentais sobre coisas que eles podem ter em comum.

Pensamos: "Ah, estou falando com o Bill. Eu conheço o Bill, mas você não o conhece. Na verdade, Bill conhece alguém que conhece outra pessoa. São seis graus de separação." No entanto, se você nunca fizer perguntas suficientes para descobrir que o primeiro emprego do Bill foi em uma loja de iogurte e que a filha do Mark trabalha em uma loja de iogurte agora, não teremos nada em que nos agarrar.

É por isso que gosto muito das redes sociais. Elas evidenciam essas conexões. Anos atrás, havia dois cachorros fugidos zanzando pelo bairro. Eu os peguei e os coloquei no meu quintal cercado. Então, fui para a plataforma de mídia social NextDoor e postei: "Ei, se alguém tiver perdido os cachorros, estou com eles." O surpreendente foi que recebi uma resposta de um rapaz na Alemanha que nem morava mais no bairro. "Esses cachorros moram na casa azul no próximo quarteirão."

Muitas vezes as redes sociais são vistas como algo prejudicial. Quando vemos uma pessoa olhando para o celular, nossa tendência é supor que ela está desligada do mundo ao redor, quando, na verdade, pode estar apenas fazendo conexões virtuais. Como a maioria das coisas, as redes sociais não são benéficas nem prejudiciais. No entanto, como a maior parte das ferramentas, elas podem ser mal aproveitadas ou usadas em exagero. Quando utilizadas corretamente, podem ser úteis para fazer conexões, lançando mão de todos os princípios sobre os quais falamos neste livro.

E quando não precisamos nos encontrar nem virtual nem presencialmente? O grupo de desenvolvimento profissional Pilgrimage lista cinco razões para se reunir:

1. Informar
2. Explorar
3. Debater
4. Decidir
5. Conectar-se

Antes de combinarmos um encontro, é importante explicarmos o motivo dele e se poderia ou não ser substituído por um e-mail, um telefonema ou uma mensagem de texto. E observe que a última razão para se reunir é se conectar. É um propulsor poderoso e fundamental para que as coisas sejam realizadas, quer estejamos tentando realizá-las sozinhos ou com outras pessoas.

E-mails e mensagens de texto

Uma forma muitas vezes ignorada de se conectar com os outros (e ajudá-los a se conectarem entre si) é por e-mail ou mensagem de texto. Com a comunicação escrita, não temos o benefício das pistas não verbais, e as coisas muitas vezes podem ser mal interpretadas porque não podemos ouvir o tom de voz quando estamos lendo.

Uma apresentação "calorosa", seja de si mesmo ou de outra pessoa, pode ser meio caminho andado para criar uma conexão.

Aqui estão algumas dicas para se conectar com os outros através da escrita.

- Seja específico. Use informações específicas que você sabe sobre a pessoa para criar uma conexão. "Cresci em um lugar onde nevava muito. Aposto que você está pronto para a primavera!"
- Seja amigável. Um e-mail de apresentação deve deixar o destinatário à vontade. Não é hora de criticar outra pessoa.
- Seja respeitoso. É muito fácil interpretar as coisas de forma equivocada, portanto tenha muito cuidado para que aquilo que você diz não possa ser lido do jeito errado.
- Escreva o nome da pessoa corretamente! Existem poucas coisas piores do que errar o nome de alguém. Se for Terri com "i", não escreva Terry. Isso diminui sua credibilidade.
- Faça perguntas para demonstrar interesse. Esse não é o meio ideal para longas explanações sobre suas opiniões ou sua história. Em vez disso, pergunte o que o destinatário acha.
- Seja claro. É fácil querer escrever um pequeno recado e, na tentativa de não se alongar, acabar não transmitindo adequadamente a mensagem desejada. Embora a brevidade seja importante, a clareza também é. Leve o tempo que for preciso para dizer o que for necessário para que as pessoas ajam.
- Coloque-se no lugar do leitor. Depois de escrever a mensagem, imagine que você é o leitor e que sabe as informações que ele tem e as informações que ele deseja receber. Você foi claro? Abordou todos os tópicos necessários? Explicou claramente qual é a importância daquela mensagem para ele e o que você espera que ele faça após recebê-la?

Sugestões para se conectar virtualmente

Assim como a Parte 1 deste livro abordou o que podemos fazer para ter a mentalidade certa para nos conectar, até agora este capítulo falou sobre como podemos transmitir e interpretar informações no ambiente virtual. Como aprendemos no capítulo sobre escuta, a verdadeira conexão vai além das habilidades. Conectar-se virtualmente é mais do que assistir à linguagem corporal de alguém ou observar os outros. É descobrir como podemos ter uma ligação virtual no mesmo nível emocional que teríamos se estivéssemos cara a cara.

Aqui estão algumas sugestões sobre como criar uma conexão emocional pela internet. (Note que elas são bem parecidas com o estabelecimento de conexões pessoalmente.)

- Defina uma intenção para a conexão. Isso significa que, antes mesmo de entrar no ambiente virtual, você deve decidir que vai formar conexões com as outras pessoas presentes. Em vez de adiar aquela reunião semanal da equipe, encare-a como uma forma de se conectar com os outros que você não teria se essa opção não existisse.
- Escute mais do que fala. É muito fácil, especialmente em um cenário virtual, decidir qual será nossa resposta e, então, se desligar até que chegue nossa vez de falar. Em vez disso, se esforce mais e continue ouvindo. Observe a linguagem corporal de quem está falando e interprete o que você observa. A pessoa está nervosa? Orgulhosa? Tímida? Use essa emoção para criar uma conexão quando chegar a sua vez. "Só quero elogiar a Amy por falar aqui. Pode ser estressante dizer algo tão complicado."
- Use mensagens privadas em bate-papos em grupo para se comunicar com uma pessoa de cada vez. Pergunte como

está o dia de alguém ou o que ele achou do novo logotipo da empresa.
- Conte algo (moderadamente) pessoal. Mais cedo, explicamos que compartilhar uma informação moderadamente pessoal cria um senso de conexão entre duas pessoas. "Meu filhote de dogue alemão destruiu meu sofá mês passado."
- Seja proativo! Proponha a formação de um clube, um almoço, um fórum virtual, uma competição ou alguma outra forma de interagir com as pessoas no ambiente virtual.
- Aja normalmente. Pode parecer um conselho estranho, mas às vezes estamos tão preocupados com nossa aparência na câmera que ficamos tensos ou excessivamente formais. Em vez disso, sorria, olhe para a câmera ao falar e tenha em mente que todo mundo acha que fica horrível em chamadas de vídeo.
- Esteja disposto a ficar um pouco vulnerável. Se, durante uma chamada, você tiver dificuldade de entender algo porque não ficou claro ou porque o áudio falhou, pergunte. É provável que, com isso, você também atenda às necessidades do grupo e que os outros presentes se identifiquem mais com você.
- Pratique a pausa. Quando estamos cara a cara e fazemos uma pergunta, a resposta costuma vir dentro de três segundos, se é que conseguimos esperar tanto (a maioria das pessoas não consegue e responde imediatamente à sua própria pergunta). No mundo virtual, leva muito mais tempo para obter respostas. Nesse cenário, é mais difícil interpretar os sinais sociais. Temos que tirar o microfone do mudo, tentar ser educados e deixar os outros falarem primeiro, etc. Por tudo isso, leva mais tempo para as respostas chegarem e a discussão começar. Nossa sugestão é

passar a contar até 10 ou até 15 para obter uma resposta do grupo quando você fizer uma pergunta.

A conclusão é que se conectar no ambiente virtual é basicamente igual a se conectar cara a cara. Todas as ideias e técnicas abordadas neste livro se aplicam a ambos os cenários.

PONTOS PRINCIPAIS

- Se estivermos em uma situação em que não é possível ver o rosto do outro por inteiro (ou, no caso de realidade virtual, quando não podemos ver nada da pessoa), temos que arrumar outras formas de nos conectarmos. A primeira delas é a observação do comportamento não verbal.
- Os 10 mandamentos da observação:
    1. Seja um observador competente.
    2. Interprete todas as comunicações não verbais usando o contexto.
    3. Determine se um comportamento se justifica por questões pessoais ou pela cultura.
    4. Identifique se os comportamentos são exclusivos do indivíduo.
    5. Procure grupos de comportamentos.
    6. Pergunte-se se o comportamento é normal.
    7. Pergunte-se se os comportamentos são um desvio da norma.
    8. Concentre-se nas expressões mais imediatas.
    9. Não seja invasivo.
    10. Os comportamentos demonstram conforto ou desconforto?
- Aqui estão algumas formas de demonstrar de modo não verbal que você está escutando. É a sigla SAITOF:
    S = Sorrir
    A = Abrir a postura
    I = Inclinar-se para a frente
    T = Tocar
    O = Olhar nos olhos
    F = Fazer que sim com a cabeça

- Conectar-se virtualmente é mais do que prestar atenção na linguagem corporal de alguém ou observar os outros. Trata-se de descobrir como podemos estabelecer uma conexão virtual que tenha a mesma intensidade emocional que uma conexão cara a cara.
- A melhor maneira de se conectar no ambiente virtual é igual à melhor maneira de se conectar presencialmente: seja humilde, seja autêntico e tenha consciência de que "você não é o centro das atenções".

CONCLUSÃO

Os princípios de Dale Carnegie para a conexão

Os seres humanos têm necessidade de formar conexões. Fundamentalmente, elas são a base dos nossos relacionamentos, do nosso trabalho e da sociedade. Certa vez, o cirurgião Paul Brand descreveu uma palestra dada pela famosa antropóloga Margaret Mead.[8] "Para ela, uma evidência da mais antiga civilização verdadeira era um fêmur – um osso da perna – cicatrizado, que nos mostrou no auditório. Ela explicou que regenerações como aquela nunca tinham sido encontradas nos remanescentes de sociedades selvagens concorrentes. Lá, havia abundantes pistas de violência: têmporas furadas por flechas, crânios esmagados por tacapes. Mas o fêmur cicatrizado mostrava que uma pessoa havia cuidado do ferido – caçado para ele, levado comida para ele e o servido, sacrificando a si próprio."

Sim, conexão. Aquele homem primitivo sobreviveu por causa da conexão.

Como mencionamos ao longo deste e dos outros livros desta série, os princípios que Dale Carnegie descreveu em seus livros são tão práticos e relevantes hoje quanto eram na época em que foram escritos. Você pode literalmente abrir *Como fazer amigos e influenciar pessoas* em qualquer página, ler um trecho e descobrir que ele se aplica a uma situação que você está vivendo neste momento. Isso vale se você estiver construindo conexões cara a cara ou pela internet. Em tempo real ou de forma assíncrona.

Para fazer conexões significativas e baseadas na confiança, precisamos nos habituar a aplicar os princípios de Dale Carnegie. Temos que colocá-los em prática na nossa própria vida, inspirar os outros a alcançar resultados semelhantes e nos tornar divulgadores desses conceitos.

Fazer isso tornará o mundo um lugar melhor para todos, sem exagero. Essas conexões vão nos ajudar a desenvolver autoconfiança para lidar com os outros, diminuir nossa ansiedade, permitir uma comunicação melhor entre indivíduos e grupos, reduzir os conflitos, aumentar a produtividade e a eficiência e, o melhor de tudo, criar laços emocionais profundos e duradouros. Isso nos ajuda e contribui para tornar o mundo que compartilhamos um lugar melhor.

"O raro indivíduo que é altruísta e busca servir aos outros está em grande vantagem."
– DALE CARNEGIE

Agradecimentos

Gostaríamos de agradecer aos seguintes membros da equipe Dale Carnegie que contribuíram para este livro:

Joe Hart, *presidente e CEO*
Christine Buscarino, *diretora de Operações e de Marketing*
Ercell Charles, *vice-presidente de Transformação do Cliente e Carnegie master*
Silvia Carvalho, *Carnegie master, diretora sênior de Qualidade de Treinamento, América Latina*
Nan Drake, *Carnegie master, diretora de Treinamento de Qualidade On-line, América do Norte*
Nigel Alston, *instrutor, leste e centro da Carolina do Norte*
George Cantafio, *instrutor, Miami/Fort Lauderdale*
Rebecca Collier, *Carnegie master global*
Grace Dagres, *instrutora sênior, Ontário, Canadá*
Andreas Iffland, *Carnegie master, Alemanha*
Robert Johnston, *instrutor master, Delaware*
David Kabakoff, *instrutor, Memphis, TN*
Jayne Leedham, *Carnegie master, Reino Unido*
Tom Mangan, *instrutor master, Pittsburgh*
Laura Nortz, *instrutora master, Cleveland*
Rena Parent, *instrutora master, Pensacola*

Antoinette Robinson, *instrutora, Atlanta*
Jeff Shimer, *instrutor master, Tampa Bay*
Frank Starkey, *instrutor master, Dallas*
Jonathan Vehar, *ex-vice-presidente de Produto*

Notas

1 https://www.mhanational.org/connect-others.
2 © 2022 Dale Carnegie & Associates, Inc.
3 Hill, L.A. et al. (2014) "Collective Genius". *Harvard Business Review*, jun. 2014. (https://hbr.org/2014/06/collective-genius)
4 Russell, D.C. (2015) "Aristotle on Cultivating Virtue". In: Snow, N. (org.) *Cultivating Virtue*: Perspectives from philosophy, theology, and psychology. Oxford University Press, Oxford, p. 37–38.
5 https://hbr.org/2008/04/so-you-think-youre-a-good-listener.
6 Pate, L. e Shoblom, T., "Organizing Through Empathy". (2015): 130–142.
7 Baseados no livro *O que todo corpo fala*, de John Navarro.
8 *Fearfully and Wonderfully Made*: A surgeon looks at the human and spiritual body, por Dr. Paul Brand e Philip Yancey, cap. "Bones: A frame", citação p. 68, Zondervan Publishing House, Grand Rapids, Michigan, © 1980. Citado em https://quoteinvestigator.com/2021/07/25/femur/#f+439945+1+1.

CONHEÇA OS LIVROS DE DALE CARNEGIE

Como fazer amigos e influenciar pessoas

Como evitar preocupações e começar a viver

Como fazer amigos e influenciar pessoas na era digital

Como falar em público e encantar as pessoas

Como se tornar inesquecível

Como desfrutar sua vida e seu trabalho

As 5 habilidades essenciais dos relacionamentos

Liderança

Escute!

Venda!

Conecte-se!

Para saber mais sobre os títulos e autores da Editora Sextante,
visite o nosso site e siga as nossas redes sociais.
Além de informações sobre os próximos lançamentos,
você terá acesso a conteúdos exclusivos
e poderá participar de promoções e sorteios.

sextante.com.br